ピットロード 1/700 戦艦 大和&武蔵 完全製作ガイドブック

モデルグラフィックス／ネイビーヤード編

徹底考証の決定版 1/700 大和型プラモデル
バリエーション解説から作り方、ディテールアップまでそのすべてを詳しく紹介

Model Graphix NAVY YARD

Contents

大和研究家たちの探求の成果が満身に込められた
ピットロード製「新世代の1/700戦艦大和」……… 8

「いま、大和はここまでわかっている!」
プラモデルメーカー開発者×戦艦大和研究家座談会 ……… 16

帝国海軍 戦艦大和 最終時（ストレート組み作例）
ピットロード 1/700
製作／中村勝弘 ……… 22

特別インタビュー
存在の確認から一歩先へ。
'16年の探査プロジェクトでその足掛かりができました。
戸高一成 ……… 26

5分でわかる 戦艦大和プラモデルをおさらい ……… 30

細部まで徹底的に作り分けられた
1/700大和型バリエーションを楽しむ
ピットロード 1/700
戦艦大和最終時、就役時、戦艦武蔵 レイテ沖海戦時 ……… 32

完全専用設計で組みやすい純正パーツをチェック!
ピットロード 1/700 大和専用純正グレードアップパーツ ……… 40

最新考証超精密1/700戦艦大和プラモデルの作り方
ピットロード 1/700 戦艦大和 最終時
製作／Takumi明春 ……… 44

専用純正アフターパーツ使用＋張り線だけでもここまで作り込める!
帝国海軍 戦艦大和 最終時（純正アフターパーツ使用作例）
ピットロード 1/700
製作／Takumi明春 ……… 82

置き換えるか置き換えないか──それはアナタ次第です!!
ファインモールド製ナノ・ドレッド 大和型に使いたいパーツカタログ
ファインモールド 1/700 ……… 92

ピットロード1/700戦艦大和はここまでいける
帝国海軍 戦艦大和 最終時（ディテールアップ作り込み作例）
ピットロード 1/700
製作／大渕克 ……… 100

ピットロード 1/700 戦艦 大和 & 武蔵 完全製作ガイドブック

プラモデルの世界で人気の鉄板アイテムと言えば、RX-78-2ガンダム、零戦、ティーガー戦車、そしてこの戦艦大和と相場は決まっている。そして、このなかでいちばん難儀な事情を抱えているのが戦艦大和だったりする。ガンダムは架空兵器だからいかように立体化してもよほどヘンなことをしないかぎり「不正解」とはなりえない。そして零戦、ティーガー戦車は不完全ながらも実物が現存しているので、きちんと取材して立体化すればかなり正確に立体化できる。しかし戦艦大和はそうはいかない。戦艦大和と言えば日本人でその名を知らない人はいないだろう。それにもかかわらず、大和が実際にどのような形だったのかについてはいまだそのほとんどが謎に包まれているのだ。

世界最強の戦艦を建造したものの、時代はすでに飛行機の時代になっていて、そしてあえなく沖縄沖に爆沈した超巨大戦艦大和。現在は沖縄沖の深度300mの海底に四散した状態で沈んでいる。探査は断続的に行われてきたが、バラバラに沈んでいて確認できた部分は限られる。300mの海底から引き上げるには膨大な費用と手間がかかるので現状では現実的とは言えない。数年前にはマイクロソフト社共同創業者ポール・アレンがシブヤン海で武蔵を発見したことがニュースになったけれど、こちらは深度1000m。ビデオ撮影されて細部にいろいろな発見があったが、全容が判明したとは到底言えない。

では当時の写真や図面はどうかというと、これも非常に難しい。まず写真に関しては、現存する大和の写真は実質的に20枚程度と思われる（ほぼ同じ情報量のアメリカ軍による連続写真や遠景すぎるものはのぞいて）。しかもその大半は鮮明とは言い難いものばかりで、とくにレイテ沖海戦以降の後期の姿を鮮明に捉えた写真はいまのところ確認されていない。図面に関しても写真と同じような状況。極秘に建造された大和型では、図面自体が非常に厳重に管理されていたうえに、セクション毎に部分的な図面しか閲覧できず、しかも敗戦時にほぼすべてが処分されてしまった。現存する図もあるが、それらは限定された内容を表す模式的なものであったりのちに描かれたもので、実際に建造に使用されたいわゆる「設計図面」と言えるようなものはいっさい残されていないとされている。

それなら、乗組員や当時の技官の証言は？　と思われるかもしれないが、なにせ全長263mの建造物（およそ東京駅のホーム3面に赤煉瓦駅舎を合わせたくらいの規模だ）、その全容を個人が把握するのは難しいし、こと形状や色ということになると、証言というものはあまりあてにならない。たとえば、あなたは自宅にいないときに自宅の正確な寸法をすらすらと答えられるだろうか？　しかもそれが数十年前のとなればほとんどあやふやな答えしか返ってこないだろうし、仮に答えられたとしてもそれが正確かどうか検証することもできない。当時の技官の方や乗組員の証言を元にした文献はいくつもあり、それらは非常に興味深くて学術的な意義も深いのだけれど、「正確な形状を知りたい」ということの役にはほとんどたたないのである。

ピラミッドや恐竜なみに謎だらけの戦艦大和、これまで数多く立体化されてきた模型はその多くを根拠が薄い想像に頼ってきた。そのような状況に一石を投じるのが、本書でクローズアップしているピットロードの1/700戦艦大和だ。

大和の謎解きはいまもって現在進行形だ。このプラモデルに結実した大和研究家の努力と洞察力、そして執念には驚くべきものがある。彼らは断片的にしか残されていない写真や資料を繰り返し繰り返し詳細に読み解き、近年の海底調査で新たに判明した成果と照らし合わせながら、謎に包まれた大和の姿にいまこの瞬間もじわりじわりと迫り続けているのである。　■

徐々に明らかになる水深350mに沈んだ大和の姿

◀2016年に呉市の大和ミュージアムが協力して行なわれた海底探査では、学術的な手法に基づいて沈没地点全域をしらみつぶしに探査していくことにより、かなり正確な現状が見えてきた。左のCGは同探査を元に制作されたものだが、本体は大きく3つに割れ数百m四方に渡って破片が散っている状態なので、場所が判明していて探査するといってもなかなかひと筋縄にはいかない

'16年探査で発見され物議を醸す連装機銃

▶探査の成果で研究家たちの間に議論を巻き起こしているのがこの影像。大和に搭載されていた25mm機銃は3連装のみとされてきたが連装らしきものが見つかったのだ。これがどこに搭載されていたのか、あるいは連装に見えるがじつは3連装から一基脱落したのか、解明は今後の研究に委ねられる

◀2016年の大和探査について詳しくまとめられた『戦艦大和 2016年深海撮影調査プロジェクト』（PHP研究所刊）。改定画像を収録したDVDが付属し武蔵の新発見写真も掲載。大和研究の最先端を知りたいなら必読の第一級資料本

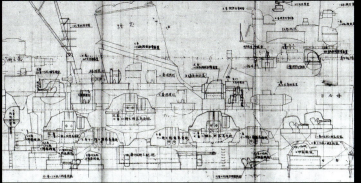

残された図もあるが正寸の「設計図面」ではない

◀「一般艤装図」のような図は残されていて立体化の際にも大いに参考にされるが、これはあくまで配置を示すための模式的な図。建造に用いられた正寸の「設計図面」ではなく細部に写真と異なるところが散見される。この図で重要なのは縦線と数字で、数字で表されたフレーム位置を解析することで構造が推定できる

▶戦時中はその存在自体が秘匿されていた大和型。証言から建造の経緯を詳しく書いた『戦艦武蔵』(新潮文庫)では、図面などの情報についてどれだけ厳重に管理されていたかがわかるので一読をおすすめしたい

もっとも有名でもっとも謎に包まれた巨大艦
戦艦大和の謎解きは、いま現在進行形である。

文／森慎二

誰もがその存在を知っている戦艦大和ですが、いざ立体化しようとするとその形状については謎ばかり。そもそもこの巨艦のすべてを残されたわずかな資料から把握するのは無理難題に近いのですが、大和研究家はいまもってその謎に立ち向かい続けています。近年になって判明した新事実も数多く、今後の研究の進展にも期待が持たれます。

残された大和の写真はごくわずか 高精細なものは数枚しかない

▲▶大和の写真で構造がわかる高精細なものは上の全力公試中とされる写真と艦橋周辺を後方から撮影した建造中の写真の2枚くらいしかなく、しかもともに就役前の姿なので艤装配置などは直接参考にしにくい。模型で作りたくなるレイテ沖海戦〜最終時の写真は遠景であったり粗いものばかり。しかし、それらの写真について拡大することなどで詳細に検討していけば艦体形状や艤装配置などを推定することができる

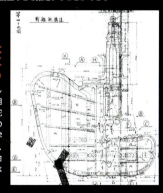

手がかりは思いもしないところに隠されていたりする

▶右の舵の図の形状が大和のものとして今回のピットロード製キットで採用されたが、じつはこの図には大和の舵と明記されているわけではない。この「戦艦舵構造」図は戦後東京大学工学部の講義で使用されたものなのだが、他の戦艦の舵形状や周辺状況を考え合わせて、これこそが大和の舵なのではないかという推論に辿り着いたのだ

「この大和、何か違うんじゃないか!?」
そう感じたあなたの目はむしろ正しい!!

ピットロードの新製品1/700戦艦大和の姿を見て「ん!? ナニカこれまでの大和と違って見えるぞ!」と感じたアナタ、ハイ正解です。太い艦首や艤装の位置などちょっと見慣れない点が目につきます。しかし！ じつは違っていたのは、部分的な「ナニカ」ではなく「すべて」。
これまでも1/700大和にはときどきの研究成果や考証が少しずつ反映され続けてきましたが、このピットロード製大和では開発段階から研究家が参加し、全体が研究成果と考証の塊と化しました。謎多き戦艦大和ですが、このキットの登場により1/700大和は新たなフェイズに入りました！

◀ピットロードが満を持して発売した1/700戦艦大和。まずはじめに最終時が発売され、その後武蔵レイテ沖海戦時や大和の就役時が発売、武蔵の就役時と大和のレイテ沖海戦時も発売予定となっている。大和のキットというとメーカーとしては力が入るのは当然だろうが、ピットロードの1/700大和型はファンの予想のはるか上を行く渾身の考証/ディテール再現が盛り込まれたキットとなった。本書ではその内容を詳しく紹介していく

この大和の完成品を一見して「この大和はナニかヘンだ。これまでと違う」と思った方は正解。とくに、幅広に再現された艦首形状が生んだ艦影には違和感を感じるはずだ。艦橋の細部形状や艤装配置もこれまでにない解釈のところが散見される。これまで発売されてきた大和型プラモデルを数多く見て親しんできた方ほどこの違和感は大きいことだろう。しかし、このピットロードの1/700大和こそが、現状での大和研究の成果をもっとも反映した市販模型なのである。

謎多き戦艦大和、当時の資料はごくわずかしか残らず実物は海中に四散して沈没しているため形状が不明な箇所が多い。そんな大和の残された資料を詳細に検証した成果をできる限り盛り込んだのが、このピットロード製1/700大和だ。その結果、これまでに発売されてきたプラモデルの大和とはフォルムやディテールが異なるものとなった。見慣れないうちは違和感があるだろうし、模型的にスマートにカッコよくアレンジされた大和模型と比べると無骨な印象を受けるかもしれない。でも、このキットを開発する際に積み上げられた数多くの考証の内容と研究経過を知れば知るほどに、この大和が持つ説得力は増すはずだ。「たかがプラモデル」とは言わせない、開発陣の圧倒的な熱量と膨大な情報量の裏付けが1/700、30㎝ほどの艦体にこれでもかとばかりに詰め込まれている。

「1/700だし、わからないからそれなりに」ではなく、「わからないからこそ、とことん探求する」。一貫した姿勢に貫かれたピットロードの1/700大和は、大和模型に新たな地平を見せたマイルストーンだ。

Imperial Japanese Navy Battleship YAMATO.
Pit-road 1/700 Injection-plastic kit.
Modeled by Masaru OOBUCHI.

あらたな境地に達した1/700大和の新基準

ピットロードの1/700大和は大和模型を新たなフェイズに推し進めた革新的な内容だ。初めてこの大和を見ると艦首の太さや各部のディテールなどに違和感を覚える方もいるかもしれない。しかしこのような姿になったのにはきちんとした裏付けがある。

革新的な内容を生み出したキット開発のコンセプトは「とにかく考証に真摯に寄りそう」ということ。開発に際して脇田直紀氏、一村昌樹氏といった大和研究家を迎え、ひとつひとつの考証を吟味しながら、30cm大の模型にできうる限り盛り込もうとしている。

議論が分かれる部分についても、諸説をきちんと踏まえたうえでピットロードなりの判断が下されている。謎が多い大和だけにこれが100％正解ではないが、最新の大和研究の成果が隅々にいたるまで意識して盛り込まれていて、これまでになかった大和の姿を見事に立体化している。ここまでの密度／濃度で形状を検証して形作られた大和の模型はこれまでになかったのではなかろうか。膨大な研究過程とその成果をすべてお見せするのは難しいので、ここではそのハイライトをピックアップして紹介する。

●ピットロード 1/700「日本海軍 戦艦大和 最終時」税込6696円。近年の1/700艦船模型のメインストリームは、パッと見たときにより細密に見える模型として見映えがしやすいディテール表現を第一に指向してきた感が強いが、一転して「より実艦に忠実により正確に形状を再現する」ことに主眼をおいて開発されたのがこの1/700大和。一見すると革新的には見えないかもしれないが、形状の裏付けとなっている考証の広範さとその綿密さは桁違いなものとなっている

艦橋は基本形状にこだわり抜きディテールにも新考証を導入

まずは艤装などのディテールのこまかさに目がいきがちな艦橋だが、基本形から綿密な考証が反映されていて、シルエットから細部の整合性に到るまで計算された作りになっている。射撃指揮装置位置など新解釈の箇所もあってとても興味深い。

甲板の波切りや通風塔形状は海底探査の影像から再現

2016年に行なわれた大和の海底探査では、沈没している物体を周囲からぐるりと詳細に映像で映すという探査手法がとられ数多くの新事実が判明。いわゆる波切りや通風塔周辺の形状もそれで判明した研究成果なのだ。

海底探査で判明した菊花紋章の大きさやフェアリーダー錨形状を1/700の限界に迫る緻密度で忠実に再現

大和が海底で発見されたときから何度もメディアに映像や画像が登場した艦首部分だが、2016年の探査におけるレーザー測定で初めて菊花紋章の直径が判明した。艦首部分は大和の特徴的な箇所のひとつなので、ピットロードの1/700大和では、御紋章の寸法も含め海底の大和の姿を極力忠実に再現している。

既存の大和キットと大きく印象を変えた艦体の立体構成 艦底の諸孔は信濃の図面からの類推で再現

上から見たときに太く再現された艦首とフレーム解析や切断図から推定し再現された側面形状によって形作られる艦体形状は、とても複雑かつ説得力のある表情を見せてくれる。艦底の孔は信濃の図面からの類推だが、大和の謎の探究には武蔵と信濃の研究も欠かせないのである。

完成後はのぞき込まないと見えない艦載艇格納庫 扉の形状から内部構造まで再現されてます

大和型の特徴のひとつが、強力すぎる主砲を発射したときの衝撃に耐えるための各種構造。大和の高角砲や対空機銃、その射撃指揮装置などにすべからく覆い=カバーが付けられているのはこの爆風／爆圧対策だが、艦載艇を艦内に格納するのも同様の理由による。本キットでは、この艦載艇格納庫周辺形状も資料に基づきこれまでにない精度で再現されている。

論争をまきおこしてきた艦尾周辺の形状 現状での「答え」はこのようになりました

大和の艦尾は機銃座の形状や空中線支柱の有無などが取り沙汰されてきたが、写真や資料がほとんど現存しないため実際のところはほぼ謎に包まれている。近年も議論の的となっている艦尾に平面部分はあったのか問題、航空機作業甲板上がどのようになっていたのかについてはっきりとした確証はいまだ得られていないが、推論を比較対照したうえでピットロードなりの答えを出している。

思いもよらぬところから図面が発見され それをもとに再現された舵形状

大和のものとは明記されないまま教材として使用されていた「戦艦舵構造」図を、大和研究家が海底探査時の映像と比較検討した結果大和の舵と同定された。その舵の形状がピットロードの大和では採用されている。

フレーム構造の詳細な検討が反映された 舷側の各種ディテール再現

ピットロードの1/700大和における考証の白眉が、フレーム構造の解析に基づいた形状再現。フレーム間距離を記した表を解析し図面を起こすことで、舷窓や外板などの形状を割り出してモールド位置を決めているのだ。

最新の機銃ブルワークの形状考証は 円→8角形→10角形へ

昔の大和模型では機銃の周りにあるブルワーク（壁状の囲い）は円形というのが定番だったころもあったが、いまは8角形を飛び越して10角形を半分にした形状というのが最新解釈。キットでもこの形状を採用しているぞ。

簡単には語り尽くせないほどの広く深い大和考証が盛り込まれたピットロードの1/700大和。ここからはそんな考証の主なところをキットの写真と元資料を交えつつ紹介。大和研究家たちの長年に渡る研究の成果の奥深さには目を見張るものがある。

現在進行形で解明されつつある大和の謎が すごい濃度で濃縮されてます!!

大和研究家たちの探求の成果が満身に込められたピットロード製「新世代の1/700戦艦大和」キット

フレーム構造の数値解析が反映された艦体設計
舷窓のモールド位置にもちゃんと根拠がある!

　ピットロードの1/700大和における大和考証のもっとも核心的なところは、全体のフレーム構造解析がなされているところにある。

　残されている大和に関する「図」は模式的なものばかりでそのまま寸法をとることはできないが、右表のようなフレーム間隔寸法の表が残されているので、この数値を元に艦体のフレーム構造を解析し、それを図面を起こしてキットの設計の基準としている。フレームは外側に露出していないので直接的には意味がなさそうだが、フレーム位置がわかるとそれを避けていたであろう窓などの位置や、逆にフレーム上にあったであろう構造物の位置を推測して特定することができる。

F_No	FS	FPから	艦首から	1/700FP	1/700艦首
F63	1.1	56.1	62.1	80.14	88.71
F64	1.1	57.2	63.2	81.71	90.29
F65	1.1	58.3	64.3	83.29	91.86
F66	1.1	59.4	65.4	84.86	93.43
F67	1.1	60.5	66.5	86.43	95.00
F68	1.1	61.6	67.6	88.00	96.57
F69	1.1	62.7	68.7	89.57	98.14
F70	1.1	63.8	69.8	91.14	99.71
F71	1.1	64.9	70.9	92.71	101.29
F72	1.1	66	72	94.29	102.86
F73	1.1	67.1	73.1	95.86	104.43
F74	1.1	68.2	74.2	97.43	106.00
F75	1.1	69.3	75.3	99.00	107.57
F76	1.1	70.4	76.4	100.57	109.14
F77	1.1	71.5	77.5	102.14	110.71
F78	1.1	72.6	78.6	103.71	112.29
F79	1.15	73.75	79.75	105.36	113.93
F80	1.2	74.95	80.95	107.07	115.64
F81	1.2	76.15	82.15	108.79	117.36
F82	1.2	77.35	83.35	110.50	119.07
F83	1.2	78.55	84.55	112.21	120.79
F84	1.2	79.75	85.75	113.93	122.50
F85	1.2	80.95	86.95	115.64	124.21
F86	1.2	82.15	88.15	117.36	125.93
F87	1.2	83.35	89.35	119.07	127.64
F88	1.2	84.55	90.55	120.79	129.36
F89	1.2	85.75	91.75	122.50	131.07
F90	1.2	86.95	92.95	124.21	132.79
F91	1.225	88.175	94.175	125.96	134.54
F92	1.225	89.4	95.4	127.71	136.29
F93	1.225	90.625	96.625	129.46	138.04
F94	1.225	91.85	97.85	131.21	139.79
F95	1.225	93.075	99.075	132.96	141.54
F96	1.225	94.3	100.3	134.71	143.29
F97	1.225	95.525	101.525	136.46	145.04
F98	1.225	96.75	102.75	138.21	146.79
F99	1.225	97.975	103.975	139.96	148.54
F100	1.225	99.2	105.2	141.71	150.29
F101	1.225	100.425	106.425	143.46	152.04
F102	1.225	101.65	107.65	145.21	153.79
F103	1.225	102.875	108.875	146.96	155.54
F104	1.225	104.1	110.1	148.71	157.29
F105	1.15	105.25	111.25	150.36	158.93
F106	1.2	106.45	112.45	152.07	160.64
F107	1.2	107.65	113.65	153.79	162.36
F108	1.2	108.85	114.85	155.50	164.07
F109	1.2	110.05	116.05	157.21	165.79
F110	1.2	111.25	117.25	158.93	167.50
F111	1.2	112.45	118.45	160.64	169.21
F112	1.15	113.6	119.6	162.29	170.86
F113	1.15	114.75	120.75	163.93	172.50
F114	1.2	115.95	121.95	165.64	174.21
F115	1.2	117.15	123.15	167.36	175.93
F116	1.2	118.35	124.35	169.07	177.64

▶今回のキット化の最重要資料ともいえるのが右にあげたフレーム間距離表。一見したところ単なる数字の羅列でちんぷんかんぷんだが、この数字をベースにすると艦窓ひとつひとつのサイズや位置を特定していくことができる。下がこの数値を元に起こされた大和の艦体図。艦体／舷側のディテールはすべてこれに基づいてモールドされている

円形から8角形そして10角形へ
移りゆくブルワーク形状の考証

　考証が移り変わった部分としてわかりやすいところのひとつが、25mm機銃のブルワーク（壁状の囲い）。昔は円形のお皿状のパーツとして再現されることが多かったが、その後8角形を半分にした形になり、このキットでは10角形を半分にしたような形状となっている。このような形状になったのは、写真を詳細に検討した結果。確証はないが、写真に写った影を検討したうえでこのような形状と推測している。

▲後部主砲付近の増設機銃部分の機銃ブルワークはなかったという説もあるが、いまのところ真偽は不明。ピットロードの1/700大和では製作者がブルワークの有無を選んで製作できるようになっている

菊花紋章の大きさが1.5m
ではなく1mだったことが確定

　2016年の呉市による大和の海底探査ではいろいろなことが判明したが、そのなかでも大きな発見のひとつが、艦首菊花紋章の大きさが判明したこと。昔から大和の御紋章の直径が1.5mと言われていたのがじつは1mだということがわかったのだ。

　長門などの戦艦が1〜1.2mの御紋章なので、以前は「大和だからきっとそれより大きいのでは」というような憶測により1.5m説が通説となっていた。しかし2016年の探査では、海中に50cm幅の平行なレーザービームを出す機械を持ち込んで測定したところ直径1mであるということが確定した。キットでは菊花紋章のバランスも含め、海底探査の成果を反映し実艦に近い艦首形状を実現している。

◀型抜きやパーツ分割の都合上なかなか厳密な再現が難しいのが軍艦の艦首部分。大和の模型を製作する際はここのフェアリーダーをディテールアップするのが定番工作のひとつだったが、このたびのピットロード1/700大和では左写真のようなパーツ分割により、海底で映し出された大和の姿を1/700の限界と言えるところまで忠実に再現している

▶左から一村昌樹氏、田中安啓氏、脇田直紀氏。現存資料を元に大和の研究を地道に続けている。3人は大型艦船模型を製作するサークル「ネイビーヤード」に属しており、脇田氏が個人的に作成している1/200大和は、すでに製作に15年を費やしており、完成までにはまだ10年はかかるとのこと

キット開発にあたって大和研究家が参加 詳細は付属小冊子に

▲▶大和最終時と武蔵レイテ沖海戦時には大和型の考証をまとめた小冊子が付属する。武蔵には大和の考証の続きが掲載されているので、武蔵は作らないという方も要チェックだ

元々艦船モデラーであり大和の研究もしていて'15年にピットロードに入社した開発担当 田中安啓氏が、大和研究家の脇田直紀氏、一村昌樹氏らの考証などを元に開発したのがこの1/700 大和。

3者はともに1/200や1/100（全長2.6mオーバー！）での大和を自作することをライフワークとしていて、その根拠となる大和研究を続けている。おのおので意見が異なるところもあるが、互いに論拠を出しつつ議論を深めていて、その成果がこの1/700には存分に盛り込まれているのだ。

なお、キットには大和型の考証をまとめた小冊子が付属し、根拠となる資料とともに詳しい考証が掲載されている。大和が好きならこの小冊子のためだけに購入してもよいほど濃い内容で、もちろんキット製作の参考にもなる。最新の大和考証が濃縮されているのでぜひご一読いただきたい。

後部見張り所にあった張り出し部分もピットロードの1/700大和ではじめて模型に取り入れられて再現された部分のひとつ。この張り出しは2015年に実施されたポール・アレン氏による武蔵の海底探査によりその形状が判明した箇所だ。

大和の資料は非常に限られるため、同型艦武蔵の形状は常に参考にしなければならない。武蔵の発見と海中映像の公開により判明した部分形状は多く随所の考証に取り入れられている。もちろん続いて発売された1/700武蔵にも反映されている。

海底探査と航空写真の精査で更新される考証の最先端がこんなところに

「なんだかずんぐりして見える」と思った方は正解。航空写真を解析すると艦首は思ったより太い

ピットロードの1/700大和の外見上すぐにわかる大きな特徴が艦首の太さ。従来のキットの印象と比べると太めでずんぐりした印象を受けるが、ほぼ米軍が直上から写した写真を見ると、このキットの形状が写真に近いものになっていることがよくわかる。

この写真は非常に有名で、大和に興味があれば一度は目にしているはずだが、こうやって指摘されてはじめて艦首が意外と太いことに気づかされる。

▲▶ピットロードの大和で一見して違和感を覚えるのが艦首錨鎖甲板の太さ。これまでのものより明らかに幅が広い。従来のものは復元図をもとにされていたと考えられるが、今回のキットは信濃の1/200図面や実艦写真などを参考に決定されている

▲1/700模型にすると数mm程度のパーツだが、実艦で換算すると2m四方くらいの張り出した床があったことになる。キットのパーツでは後部見張り所の窓もモールドで再現されている

実艦写真

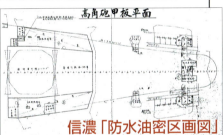

信濃「防水油密区画図」

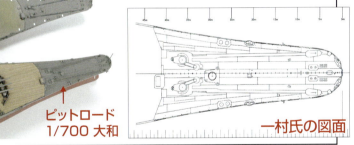

ピットロード 1/700 大和

一村氏の図面

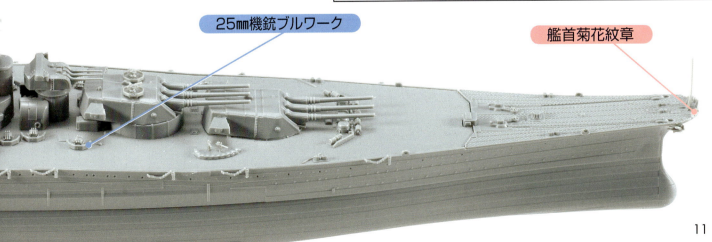

25mm機銃ブルワーク

艦首菊花紋章

◀▶高角砲などの艤装パーツをを搭載するとあまりよく見えなくなる上部構造物の基本形状だが、ここにも現状できうる限りの考証が詰め込まれている。ここもプラモデルとしては再現や分割が難しいところだが、スライド金型を駆使することで全方位のディテールをモールド。窓や扉にいたるまでこまやかな彫刻で再現されている

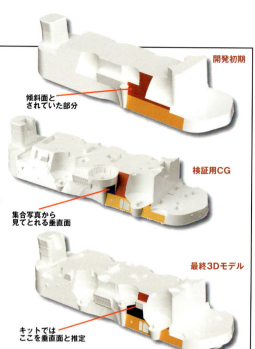

開発初期
傾斜面とされていた部分

検証用CG
集合写真から見てとれる垂直面

最終3Dモデル
キットではここを垂直面と推定

断片的な資料から推定せざるを得ない上部構造物側面形状の謎

以前は単純な垂直面で再現されることが多かった煙突などが載る上部構造物の基本構造だが、近年見つかった近辺で写された集合写真を解析し、側面は垂直面を含む複雑な面構成であったらしいということがわかってきた。

あくまで集合写真の端に映り込んだ背景なので上部構造のすべての面構成はわかったわけではないのだが、写真から見て取れた範囲から類推し形状を推定していった過程がピットロードの開発中CGから見て取れる。

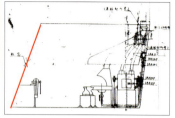

▲上部構造物の基本形状がそのものずばりわかる資料は現存しない。そこで、部分的に残る図（上は構造内にある舵工場装置の図）から、外壁部分（赤線部）を抽出して角度を割り出すなどしている

艦載艇格納庫周辺と扉の形状を正確に再現

後部舷側にある搭載艇格納庫の形状も従来のキットの解釈とは異なる。大和型の主砲を発射したときの爆風と衝撃波は甲板上に人がいれば即死するほどで、機銃などが覆われているのもそのためだが、艦載艇や艦載機も破損しないよう内部に格納していた。艦載艇の格納庫は左右の艦尾舷側にあり扉がついているが、扉形状や張り出し部分の曲面構成が資料に基づき正確に再現された。

格納庫の扉形状は変形7角形状で、収納される艦載艇の輪郭にちゃんと合っている。張り出し部分の曲面構成は、構造図を参考に扉付近の断面がS字状になっているのを立体化し、図から読み取れるような、前方から扉周辺にいくにつれ凹面ができてくる複雑な形状の曲面も再現されている。

このあたりの曲面が途中から凹んだようになる

▶格納庫の外壁の下側の断面ラインは従来の大和模型では青い点線のように丸く膨らんだ形状とされてきたが「183番・186～187番間横壁構造」と呼ばれる図面によりS字状の断面（赤線）であることが判明。ここ以外でも残された断図や壁図に水谷氏の作図した図面などを総合することで側面の曲面がかなり緻密に再現されており、艦首／艦尾方向から眺めると以前の大和模型とは異なるシルエット見ることができる

「183番・186～187番間横壁構造」

▶組み立てると見えなくなるが、艦載艇や艦載機格納庫内も簡素ながら作られており、艦載艇格納庫の2重扉も再現（艦載艇のパーツは付属しない）

PIT-ROAD IJN BATTLESHIP "YAMATO"
ピットロード 1/700 戦艦大和

22号電探
艦橋下部見張所
主砲バーベット
波切り

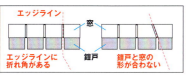

残存資料を結集して基本形状とディテールを徹底再現した艦橋

多層式の艦橋と比べるとスマートなようでそのじつ複雑な面構成を持つ大和の艦橋。艦橋は「艦の顔」、形状によって模型の印象も大きく変わってくるが、ピットロード1/700大和は基本構造から艤装にいたるまで綿密な考証に基づいている。

なにせ1/700では、模型のたった0.5mmが実艦での30cmにあたる。ディテールを再現しようとどんどんパーツを分割すると組みにくいだけでなく合わせ目での誤差が無視できなくなってきてしまう。かといってスライド金型を多用して1発抜きすればいいかというとそれほど簡単な話ではない。本キットに見る1/700プラモデルとしての特性と考証との兼ね合いは、艦船模型メーカー ピットロードならではのノウハウの結晶と言える。

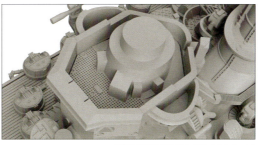
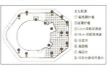

▲▶第一艦橋は資料を元に梁の位置を考慮して設計されている。また、普通に組み立てると見えなくなるが、1/700でありながら第一艦橋内の構造が海図台などに到るまで再現されている

◀1/700ではパーツ数を最小に留めたいが、大和の艦橋はきちんと形状を再現しようとすると分割が非常に悩ましい。本キットではスライド金型を使いつつ前後に分割し、形状再現と内蔵との差異の再現を両立する

◀22号電探架台(赤矢印)は武蔵の海底探査を元に形状を再現している
▼スリット状の遮風装置が別パーツで精密に整形されるなどし、素組みでもここまで再現できる

▲艦橋の基本構造でこれまでの大和模型と解釈が異なるのが、下部見張所周辺の外面構成。従来はここのエッジライン(赤い線で示したところ)を斜めの1本の直線としている場合が多かったが、そうするとエッジライン横の窓は台形になり、現存する写真からすると違和感がある。そこで写真資料などを検討し直した結果、窓の周辺は垂直にエッジのラインがあり、窓の下のあたりで折れ角が発生していることがわかったため、ピットロードの1/700大和の艦橋では写真のように折れたエッジのラインになるように艦橋下部の面構成をしている

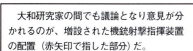

大和研究家の間でも議論となり意見が分かれるのが、増設された機銃射撃指揮装置の配置(赤矢印で指した部分)だ。

機銃指揮装置というのは、複数の25mm機銃などを一括して指揮するための装置で、大和では主砲の爆風を避けるために覆い=カバーが付く。戦況に応じて対空機銃が増設されるのに併せて指揮装置も増設された

が、増設されたもののなかで位置が定かでないところがある。2016年の大和海底探査でこの指揮装置の架台が発見されその形状から垂直に近い面に設置されていたことがわかったが、どこに取り付けられていたかはいまのところ不明。キットでは3つの仮説を立てたうえで、写真や架台構造から説③の位置への取り付けを採用している。

議論の的となっている射撃指揮装置位置

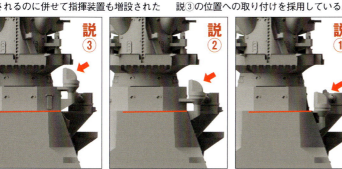
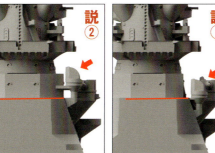

▶ピットロードの1/700大和では左の「説③」、艦橋下部の増設された兵員待機所の壁に設置される構造を採用。「内側の指揮装置はより高い位置に置く」というようなセオリーからは外れている、また兵員待機所の壁面に強度を必要とする指揮装置架台が設置できたのか、など疑問も多いが、射撃指揮装置は高い位置にあったほうが目標が見やすいのと航空写真や発見された架台形状等の理由から①〜③の説を踏まえた上であえてこの説が採用されている。模型で取付け方を変えることは比較的簡単にできるので、説①や説②にしたければ自分で変えてみるのもよいだろう。立体にして見直すことで見えてくることがあるかもしれない

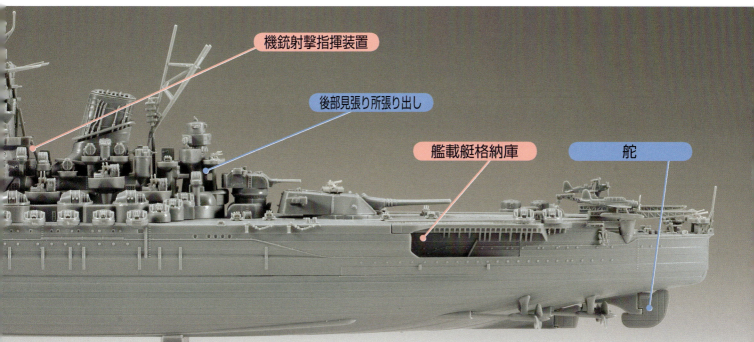

機銃射撃指揮装置 / 後部見張り所張り出し / 艦載艇格納庫 / 舵

▶従来は艦尾先端に平坦面があったと解釈されてきたが、近年の研究では艦尾にはほぼ平坦面はない、あるいはあったとしてもごく僅かだったという説が有力になっている。海底探査での解明が待たれるところだが、どうやら大和は沈没時に艦尾を下にして着底したようで、破損してしまっている可能性が大きい

▼増設された艦尾側主砲近くの25mm3連装機銃に関しては、航空写真などを検証するとブルワークがなかったのではないかという説が有力になってきている

ほとんど謎の大和の艦尾／飛行機作業甲板 本キットではこのようになりました

大和は艦尾周辺の写真が存在しないので、艦尾周辺の形状はながらく議論の的となってきた。ポイントはいくつもあるが、空中線支柱の有無、艦尾先端の平坦面の有無などが大きなところ。ピットロードの1/700大和ではトラス状の空中線支柱は撤去(製作者が選べるようパーツは付属)、平坦面はほぼ存在しないという説にのっとって立体化されている。

また、飛行機作業甲板の継ぎ目の凸モールドは、内部の格納庫側壁の形状と解析されたフレーム位置に基づいた位置に入れられている。

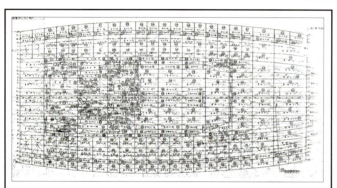

▲信濃の『防水油密区画図』。機関関係の給排水孔やその他の孔が確認できるが、それぞれの用途などについては判明していない

▼マスキングとサーフェイサー吹きで外板段差を追加する技法があるが、このキットでは考証に基づく段差があらかじめ再現されている

普通に飾ると見えない艦底も資料を元に再現

艦底の給排水孔のディテールは、大和型を空母に改造した信濃の『防水油密区画図』を元に再現されている。大和の資料は数少ないため、同型の武蔵や信濃の現存する資料も最大限に活用されているのだ。

段差のある外板構造は、切断図から接合方式などを読み解き、さらに海底調査画像、転覆した天城の艦底が写っている画像などを総合して推定し立体化している。

思いがけず見つかった大和と推定される舵構造図

ピットロードの1/700大和では、以前の大和模型によく見られた四角いものとはかなり異なる舵形状が再現されている。その形状は「戦艦舵構造」という図面に従っているのだが、この図は東京大学工学部での講義で使用されたり教材として造船所などに配布されたものと思われ、そこには「戦艦舵」とだけ記されている。しかし海底探査時の影像と対照したところ、この図と同じ形状であることが判明、キットでも採用されるに到った。

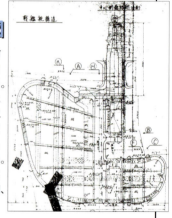

▲大和と明記されていなかったことでながら見過ごされてきた図が、大和研究家の広い視野と丹念な検証によって日の目を見た。研究の大半はこのような地道な作業によっている。なお、ピットロードの1/700大和では副舵の形状も海底探査の影像に基づいて再現されている。また、先がけて2017年11月に発売されたフジミの艦NEXT 日本海軍航空母艦信濃でも、この形状の舵が選択パーツとして取り入れられている

ピットロード→1/700大和

完成すると見えない主砲基部バーベット断面厚に注目

左右は厚い／前後は薄い／左右は厚い

砲塔を載せるとまったく見えなくなる箇所だが、砲塔基部＝バーベットの断面面が、前後は薄く左右が厚くなっているところまで再現されている。もちろん第一主砲塔と第二／第三主砲塔で装甲継ぎ目の形状が違うところも再現。なお、主砲塔は同社製1/700樫野に付属した内部構造まで再現されているパーツを搭載することが可能だ。

▼先に発売されているピットロードの1/700樫野。樫野は大和型戦艦の主砲砲身、主砲塔を運ぶ専用の砲塔運搬艦だ。このキットには内部構造まで再現された同スケールの砲塔が付属するが、この砲塔を載せることができるようになっている

海底影像から分割された波切や通風塔形状が判明

◀この部分に関しては図面が残っていないが、直上写真からおよその位置を推定し、先述のフレーム構造と照らし合わせて位置を割り出して再現している

海底探査で形状が判明した箇所のひとつが波切と周辺の通風塔。波切の板はこまかく切れ目があり、中央の通風塔は2基が上部で一体化し非常に複雑な形状になっていることがわかっている。

▲1/700だとほんの数mmのディテールだが、波切り周辺の装甲ハッチ形状もできうる限り判明している形状に近く再現

▲大和に続いて4月に発売されたピットロードの1/700戦艦武蔵。大和に準じたパーツ構成……というより、あらかじめきちんと大和／武蔵の差異が再現できるようなパーツ分割を考慮して設計されていて、右のランナーが武蔵用の新規パーツとなっている。価格は税込6696円。武蔵の最終時であるレイテ沖海戦時となっている

**大和のキットにも付属する
大和型考証小冊子の後編が
武蔵のキットに封入。
武蔵は作らない人も必読です！**

▶武蔵にも大和同様の小冊子が封入されていて、ぜひ大和付属の冊子と併せて読んでおきたい一級の資料となっている。内容は大和の考証の続きと武蔵の考証が掲載されているので、大和だけ作りたい方もぜひご一読を

1/700武蔵用新規パーツ

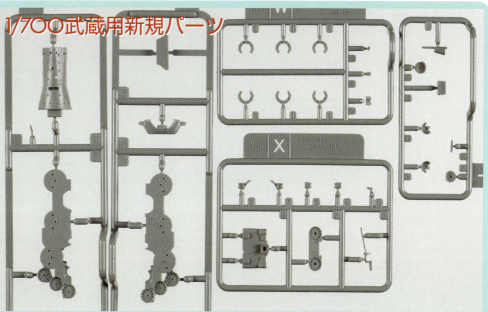

大和の考証には欠かせないのが同型2番艦武蔵の存在
ピットロード1/700武蔵では両艦の違いを徹底再現

階段形状
窓位置
扉位置
新信号指揮所増設
床形状
武蔵　　　大和

昔の1/700では、同型艦はパーツのほとんどを共用したバリエーションキットとして発売されることが多かった（なかには実艦の差異の再現はあきらめたものも……）。コストなどの都合により、ネームシップの形状は極力再現しようとしていても、同型艦で異なる部分は多少目をつむってラインナップを充実させようという発想だ。たしかにこのシステムにより当初の1/700はラインナップを急速に拡充できたわけが、ある時期以降は同型艦の間の差異を極力再現するというのが主流になってきている。　ピットロードの大和／武蔵はこのような流れの最先端とも言えるものになっていて、設計段階から大和と武蔵の形状の作り分けをかなり綿密に意識して設計されていて、ここまできちんと武蔵を武蔵として再現したプラモデルは初めてと言ってよいだろう。大和よりむしろ武蔵を製作したい方には絶好のキットとなっている。

ちなみに、ここまできちんと武蔵を作り分けているのには大和型ならではの事情もある。大和は資料が少ないため、考証を進めていくと武蔵の写真や図面を参照するため、大和の謎を解明しようとすると同時に武蔵の形状についても考察を深めることになる。そこで得られた武蔵の考証をきちんと活かそうとすれば、このように大和と作り分けられた武蔵ができあがるのも当然なのである。

●掲載した開発用CGで赤くなっているところが武蔵専用パーツで再現される箇所
●艦橋パーツが前後分割されているのは、この分割が少ないパーツ数で大和の艦橋形状を再現するのにより適しているのと同時に、武蔵との差異を再現するのにも最適と判断されたことによる。CGで示しているように、特徴的な階段の形状はもとより、窓や扉の位置、後部の張り出し形状など、キットでは現状で判明している武蔵艦橋の考証がことこまかに再現されている

●艦橋と分離した兵員待機所、幅広の電探室、マスト根元の倉庫、噴進砲形状を再現
●レイテ沖海戦時ということで、甲板上に増設された単装機銃の位置は「各艦 機銃電探哨信儀等 現状調査表」を元に再現。大和とは異なる円形状の土嚢パーツが付属する
●艦尾は大和最終時のような機銃架台はない状態で、形状が異なるフェアリーダーや爆雷投下台が新規パーツで再現されている

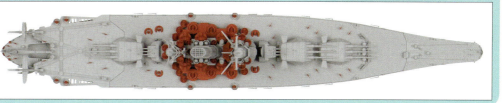

ピットロード 1/700 日本海軍 戦艦大和 最終時

ピットロード35周年記念キットとして発売された1/700大和。これまで同社は駆逐艦や海防艦、護衛艦、外国艦船のキット化が中心で日本海軍の戦艦をインジェクションプラスチックキットとして発売するのははじめて（写真は最終時の完成品）

座談会/プラモデルメーカー開発者×戦艦大和研究家

「いま、大和はここまでわかっている！」

プラモデルメーカーは戦艦大和のような図面や写真の少ないアイテムをどのようにして開発しているのか？ 複数のメーカーから同じ大和という戦艦が発売はされているが、仔細に眺めてみると細部は微妙に異なる。資料が少ないなか、どのように大和の実態に迫っていくのか、今回はピットロードの開発担当者と大和研究家の皆さんにお話を伺いました。

田中 ピットロードで1/700大和のキットの企画開発を担当した田中安啓と申します。今回はキット開発の際にアドバイスをいただいた大和研究家の脇田さんと一村さんにもおいでいただいています。脇田さんと一村さんは、数ある日本軍艦の中でもとくに大和に詳しくて、「大和以外の戦艦は眼中になし」という方々です。

脇田 よろしくお願いいたします。研究家と言いますか……わかりやすく言うと私と一村は「大和オタク」ですね（笑）。現在は1/200の大和をフルスクラッチビルドで製作しております。

田中 早く完成した姿が見たいね。

脇田 これまでにすでに15年ぐらいかかっているんですけれど、あと10年ぐらいはかかるんじゃないかと思っています（苦笑）。

田中 まだまだ完成まで時間がかかりそうですね。一村さんはまだ作らないの？

一村 いまのところ模型の方には手が付いていないんですよ。図面を引くことにばかり時間を取られていて……（笑）。一応1/100で作りたいと思っていて、気持ちとして製作の計画や準備はしているんですけれど。

田中 この3人は、大きなスケールのフルハル艦船模型を製作するサークルのメンバーなんですよね。1/700のメーカー製キットを製作することもありますが、おもに自分で図面を引いて1/200とか1/100といったスケールの模型を自作しているんです。素材は、木材、プラスチック、金属といったものを使います。最近は3Dプリンターなども一般化してきているので、艤装品など量産する必要があるパーツは、3Dデータを作って3Dプリンターで出力するというようなこともあります。

脇田 基本的には、自分で作図したり、信頼できる資料を入手して、それを元に自作します。ただ、日本の軍艦だと図面がほとんど残されていません。大和も同様で、残されているのはほとんど「部品図」といわれる部分的なものです。あとは所要断面図がいくつかあるくらいです。

田中 一番有名なのは、「一般艤装図」っていう7枚の図面ですね。

脇田 あれは、図面というよりは、「落書きに毛の生えたようなもの」ですよね。しかも、残っているのは中央部だけで、図面って言えるほど正確ではない概念図みたいなもの。全体像はわかりますが、それを大きくして1/100でこのままこの外形を取ればいいかというと、全然形がずれていたりします。とはいえ、少ない資料のなかでの拠り所としては非常に貴重な図ですね。

田中 一般艤装図には、ところどころフレームに対して寸法が入っていますよね。「この位置はこのフレームから何百何mm」などという記載もある。設計をするときは、「一般艤装図」も参考にするようにしました。

脇田 「一般艤装図」は、大和の模型を作るときはもっとも重要な資料になってくるでしょうね。

田中 ほかの模型メーカーさんが大和を設計するときにどうしているのかはわからないのですが、こういうふうに図面を参照していくのは、サークルで大型模型を自作する時と同じ手法なんですよ。フレーム間隔と図面を照らし合わせて構造物の位置を特定していくんです。

脇田 フレームって言われても、数字の羅列で一見さっぱりわからないけれどもね（笑）。

田中 図として写し取るのではなくて、数値を読むと形がわかってくるんです。「艦首から各フレームが何cmあって……」というふうに書かれている数字を拾って図を読んでいく。

脇田 たとえば、図を読んでいくと、「247フレーム」の仕切りがあることがわかります。骨組みみたいなものです。「何番フレームのどこどこから2.5m寄りのところにこれがある」というような書き方がされているので、それを読み取っていけば正確な寸法が割り出せるんですね。

田中 今回の1/700大和は広告で「再現の精度が高い」と謳っていますが、これは「資料の数値をきちんと読み取って再現しています」、ということなんです。舷窓などは、フレームのあるところに穴があるとおかしいのでちゃんとフレーム間にレイアウトするなど、そのフレームの位置も資料の数値をきちんと読み解いた結果を反映しています。フレーム間隔表は同型である武蔵の三菱の復元図を元にしました。これが絶対的に正しいかどうかは別問題として、「この艦のフレームスパンは何cm」というようなことが記述された図面があることは作り手にはとても助かりますね。

脇田 たとえば木甲板のところなんですが、木甲板に使われている板1枚の長さは写真からじゃわからない。でも、艦上写真などの足元が写っているものをよく見ていくと、だいたい5枚ごとに同じところに継ぎ目が来るようになっていることがわかります。すると、「5枚ごとにある継ぎ目のところにフレームがある」というふうに推測できます。強度的にそこにボルトを打ったりしますからね。そして、大和の場合位置によって多少違うんですが、基本的に1.2m前後で1フレームができています。1.2mおきにあるフレームが木板5枚おきに同じ箇所にくるとなると、木甲

田中安啓（たなかやすひろ 写真中央）
艦艇模型サークル「ネイビーヤード」会員。趣味で1/200以上の艦船模型を作成。旧海軍の艦艇図面、写真が大好物。過去には「上総湊海軍工廠」名義で1/500艦船模型を製造販売。2015年ピットロードに入社し1/700大和開発プロジェクトに参加、現在に至る。

脇田直紀（わきたなおき 写真右）
「大和」研究家でモデラーでもあり、艦艇模型サークル「ネイビーヤード」の会報誌にその研究成果を発表し、ポーランド人の艦艇研究家ヤヌス・シコルスキー氏とも交流がある。それらのリサーチは学研や双葉社などの書籍でも公表され、「大和ミュージアム」の1/10模型や映画のCGデータなどにも反映されているという。2002年の東武モデラーズコンテストに1/700「大和」を出品して「モデルアート賞」を受賞。現在はフルスクラッチで1/200「大和」を制作中。

一村昌樹（いちむらまさき 写真左）
艦艇模型サークル「ネイビーヤード」会員。海軍兵学校や海軍工廠で使用されていた資料を調査したり、元乗組員の方々に聞き取り調査などをして、主に大和型戦艦の形状について研究。学研や双葉社の大和関連書籍やシコルスキー氏の新大和図面集などにも考証協力をしている。

板の1枚の長さは1.2×5＝6mだな、ということが割り出せる。このようなさまざまな資料や写真を精査し組み合わせて考えていくんです。あの手この手でデータを引きずり出すわけですね。もちろん模型にするときには「6mで作るとすると細かすぎて見栄えが悪いからもうちょっと長めにしておこうかな」というふうにしたりもしますが、元になる正しい寸法を知ったうえで模型としてどう表現するか考えてアレンジを加えるのと、知らないであてずっぽうに作ってしまうのとでは全然違うのではないでしょうか。

田中 まあ、1/700だと、あまりスケール通りの寸法で作ってしまうと、細かすぎて見えなくなっちゃうところも多いのですが……（苦笑）。

脇田 スケール通りに作ったら錨鎖甲板の滑り止めのギザギザのモールドなんてほとんど見えないですよね。模型映えしないです。

田中 そういった意味では、今回の1/700大和でもオーバースケールにしている部分はもちろんあります。細部表現に関してはプラの厚みや強度の問題も考える必要もありますし。1/700なりにアレンジするところはどうしても出てきますね。しかし、それはそれとして、できる限り最新研究成果を取り入れるようにしています。艦首の錨鎖甲板などは一村さんの考証図面をほぼそのまま再現できました。最初に一村さんの図面を見た時は「艦首が太いなあ」って思ったんですよね。それで、艦首をもう少し細く作って試してみたんです。

脇田 武蔵の艦首写真と同じになりました？

田中 なりませんでした。よく参考にされてきた武蔵の復元図だと艦首の部分って結構細いんです。その刷り込みがあって一村さんの図面が太く見えたんでしょう。でも一村さんの図面どおりじゃないと構造物のレイアウトが入らないんです。甲板上にボラードやケーブルホルダーを配置してみると写真どおりに収まらない。結局一村さんの図面どおりに戻したらきちんと収まりましたが、すごい遠回りをしました。3Dデータの段階でこのようなやり直しを繰り返したので、今回設計には相当時間がかかっています。

一村 これまでに作られてきた大和模型は、戦後に復元された「船体線図」というものをベースにしている場合が多いようなのですが、それと武蔵の錨鎖甲板が写っている実艦の写真を比較してみるとかなり異なっているんです。パネルラインごとに見ていくとボラードの位置が収まりきらないんですよね。この線図は実艦とはラインが違う。私は復元されたライン図が間違いなんじゃないかって思っています。

脇田 復元図はあくまで復元図なので、記憶違いもあるでしょうし、艦首部分の曲線などは「だいたいこんな感じ」だっただろうというふうに描かれているんでしょうね。ほかに明らかに違う部分もあります。ただ、以前はそれしか拠り所がなかったっていうことですね。

一村 残っているものが一概に間違っているということでもありません。戦前に作られた信濃の1/200の図面が残っているんですが、その船体線図に合わせてくと、かなり実艦に近い状態を再現することができました。

田中 最近はその信濃の図面がより正確だろうっていう結論になりつつありますね。信濃の図面はオリジナルのものですし。

脇田 復元図はやっぱりあくまでも復元図なんですよね。当時の図面に比べるとやっぱり説得力はあまりないです。基本的には、やっぱりオリジナルの図面の信ぴょう性が高い。それがなければ復元図、それもなければ写真から判定する、それもできなければ自分で図面を引いて想像するっていう順番ですね。当時の公式図があれば当時のものが一番の拠り所になります。

一村 当時のオリジナル図面が残っていても、いわゆる「完成図」っていう、実際の船を作った後に描かれる図面というのもあって、そっちの方が実物により近い＝正しいこともあります。建造中に設計が変更されることもありますからね。ですから設計時の段階の図面が残っていても、結構間違いがあったりその後変更されていたりという可能性はあります。一番いいのは、完成図が残っていることですね。

田中 そうはいっても、完成図が揃っていることはなかなかありません。写真から類推せざるを得ない場合が多くなります。

脇田 有名なシコルスキー氏の大和図面集がありますが、これは艦首の幅がちょっと細かったりします。すごく精巧に描かれていて図版としての説得力があるのと、枚数が多く細部まで描かれているので、なんとなく神格化されたことがありました。とにかく「みんな右に倣え」でその図を参考にしていた時期があるんですけれど、あれはあくまで「個人による想像図」なので、形状や数値的にどこまで信憑性があるかは再検証する必要があります。大和の場合、米軍が真上から撮っている有名な写真がありますよね。それを見ると、錨甲板は、一般に作られてきたこれまでの大和模型よりも相当幅が広いことが読み取れます。以前の大和模型は武蔵の復元図やシコルスキー図面を参考にしている場合が多い

17

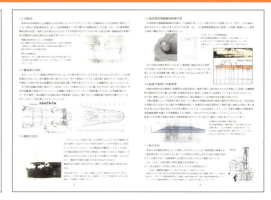
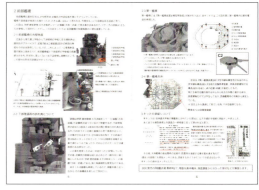

▶キットには組立説明書やマーキング塗装ガイドのほかに右のような「大和型戦艦開発メモ」という冊子が同梱。武蔵 レイテ沖海戦時のキットには大和最終時付属の小冊子に続く「大和型戦艦開発メモ（2）」が同梱されていて、内容的には続いているので、ぜひとも両方読んでみてほしい（なお、本書の考証解説記事はこれらの冊子の内容を元に再構成したものだ）。その内容は、根拠となる資料を挙げるとともにそこから導き出される考察過程が明らかにされており、単なる実艦資料の羅列ではない、「論文」的なものとなっている

作図はもちろん、モックアップを作り、実艦写真と同じ角度で光を当てて見てみる検証までした結果……（脇田）

ので、艦首が絞られスリムで細い艦容になっていることが多かったですが、直上の写真を見ても実物の大和はわりとずんぐり太いんですよね。

田中 どうしても昔からの印象が強いんですよね。細い艦首のほうはスマートでカッコいいっていうのもあったかもしれない（笑）。

脇田 こんな直上から平面図面のように撮ってくれている写真なんてめったにありません。大和は図面が少ないだけに、研究資料としてはとてもありがたい写真です。この直上写真からは、よく見ると艦首形状以外にもいろいろなことがわかります。レイテ沖海戦の大和には艦尾の空中線支柱がなかったという説もあるんだけれど、この写真を見ると空中線支柱の影らしきものが延びているように見える。この直上写真は1944年10月26日、戦闘末期の状態です。激しい空襲を受けているその時でさえ空中線支柱を立てているのだから折りたたむことはなかったんじゃないかと考えています。「邪魔だから撤去してしまった」とか、「折りたたみ式の構造になっていて戦闘中は折りたたんでいた」などといろいろ説があって、確かに邪魔そうではあるんだけれど、写真を見る限り戦闘中に折りたたんでいなかったようなのです。僕の推測としては、最初は撤去することや折りたたむことも考えてそういった構造にしたんだけれども、結局実用的じゃないから立てっぱなしにしていただけのことなんじゃないか、と考えています。

田中 今回の1/700は天一号作戦時の大和を再現していますので、艦尾の空中線支柱は撤去しているという構成になっています。

脇田 天一号作戦時がどうだったかは、写真では確認できないですよね。

一村 大和の艦尾空中線支柱は長波の電波を送信する空中線の支柱なんです。大和のように、大きくて司令部も入っている戦艦で、長波通信ができなくなるっていうことが現実的かな、っていうことは考えておきたい。

脇田 レイテ沖海戦時には、煙突や艦橋周りで機銃などを撃っていると、自分が撃った弾で空中線をぽんぽん断ち切っちゃっていたと言いますし、敵の至近弾の水柱や直撃弾があれば、空中線なんかはみんなすっ飛んでしまう。結局戦闘をしていると、空中線はほとんど役に立たなかったという証言もありますね。

一村 艦首側の空中線が受信用の長波で艦尾側が送信用なんですが、送信用をなくしてしまうと受信用で両方兼用することになる。そうすると混信してしまいますよね。

脇田 だからこそ、艦首側の空中線は受信用、マストから艦尾までの後ろ側の空中線は送信用ってわざわざ離してるわけで……。

田中 そういうメカニズムを考えると簡単に撤去するなどとはできないかもしれませんよね。

脇田 マストの間隔があいているのも、送受信の両方が混信しにくいようわざわざ離すためだったと言われています。

一村 無線は、送信線と受信線の距離が離れれば離れるほど性能が上がります。

脇田 高雄型重巡などでは、新造時は艦橋とメインマストの間隔が狭すぎたので、改装してわざわざ遠くの艦尾側にマストを移したりということまでしています。大和で、メインマストがあんな風に斜めに後ろ側に傾斜させられたのも、なるべく艦橋との距離を取りたいからなんです。少しでも、艦首から艦橋までの受信用空中線と艦尾側の送信用空中線には距離を置きたい。大和のマストが非常に不安定な形になっているというのはそういうことがあるんです。

一村 戦闘詳報で、空中線は「ほとんど役に立たなかった」という証言はあります。砲の射角の邪魔にもなるし……というような話もあるんですけれど、たぶん、通信の技術的に撤去することはできなかったんじゃないかなと思うんです。ちなみに、艦橋から後ろのマストまでの中間部分のアンテナは中波とか短波です。艦隊内、近くの船同士の通信用のアンテナですね。

田中 長波はわりと遠距離の通信用です。

脇田 司令部との通信で「これから突入する」というような報告をしたりだとか、戦況速報を司令部に伝えるなど、艦隊内通信とはまた別の使い方で必要なものでした。

脇田 艦尾空中線支柱は「撤去した」という証言もあるんですが、いまのところ写真では確認できていません。証言も、ときには曖昧なものもあるので何とも言えません。ここは研究者の間でも所見の分かれるところですね。最後は、モデラーが各人の考証に沿って、あるいはご自分の好みに応じて製作するしかないんでしょうね。

田中 一般的には、天一号作戦時には空中線支柱は撤去されていたというイメージが強いんでしょうけどね。

脇田 武蔵の場合には、海底探査をしたら空中線支柱が出てきたので、最終時まであったのは間違いない。大和の場合も、今後の海底探査で空中線支柱が出てくれば、あったということが確定するかもしれませんね。

田中 今回の1/700大和のテストショットのサンプルを組んだ時には艦尾の空中線支柱は取り付けていたんです。ただ、一般的には「最終時の大和には空中線支柱はない」っていうイメージがあるから、製品版は撤去した状態にしました。ただ確実に撤去したという確証があったわけではありません。"真実の大和"と謳っていますが、わからないところは本当にわかりません。パーツとしてはセットしましたので、空中線支柱を立てた状態も選択できます。製作する方が選んでいただければと思います。

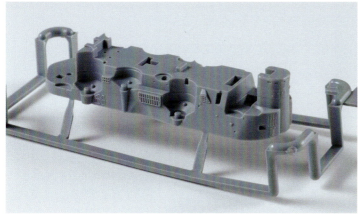

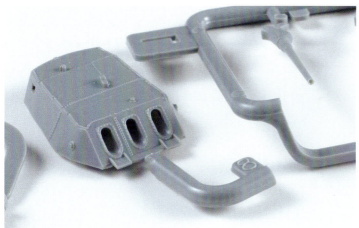

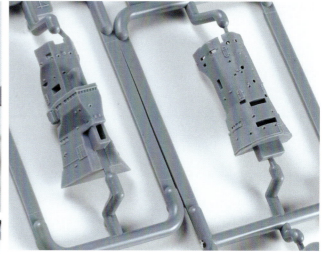

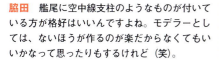

●新考証形状を盛り込んだ艦橋構造基部はスライド金型を使って1パーツで造形。艦や時期との際は追加パーツで再現される
●艦橋のパーツはこれまでの大和のキットでは見られなかった分割となった。大和型の艦橋は非常に複雑な面構成で、金型で成型しようとするとどうしてもパーツ分割が必要になるが、分割しすぎると合わせ目の処理が難しくなる。再現と製作の両立を考え抜いて出された答えが、この前後分割だ。第2艦橋下の逆台形の絞り込んだ形状など実艦写真の雰囲気をよく捉えつつ、合わせ目が目立たず、合わせ目消しの処理もしやすいような位置に合わせ目を設定している
●主砲と副砲のパーツは同社製「給兵艦樫野」のキット化の際に開発されたパーツと同じものがセットされている。主砲塔本体はスライド金型の一体成型で側面までディテール再現され、砲身もスライド金型で砲口が開口されている
●副砲もスライド金型で緻密にディテールを再現。側面の放熱スリットやラッタル後面のハッチをモールド。測距儀のフードは別パーツ化することで、左右の形状が異なるところを再現

脇田 艦尾に空中線支柱のようなものが付いている方が格好はいいんですよね。モデラーとしては、ないほうが作るのが楽だからなくてもいいかなって思ったりもするけれど（笑）。

田中 艦尾付近の構造物といえば、舵もこれまでのフルハルモデルの大和のものとは違う形になっています。この1/700大和の舵の形は従来の模型と全然形が違っています。

脇田 舵については、一村さんが見つけた「戦艦舵構造」という図面を読み解いたことが大きかった。この図面は大和型の舵と見てまず間違いない。海底探査の時に発見された武蔵や大和の舵とも肋骨の骨組み形状まで一致します。この舵の図面が最終版かどうかはわからないけれども、とにかくこれが大和型用の図面である可能性は極めて高い。それまでの四角い形状とはあまりにもイメージが違うのでちょっと違和感を感じるかもしれないけれど、非常に信ぴょう性の高い考証の再現になったと思います。

一村 武蔵の舵を支える艦尾材の図面が残っているんですけれども、そこに記されている細かい数値とも合うんですよね。「1,080」といった直径が書かれているのですが、舵の受け手側の図面にも同じ数値が載っています。この「戦艦舵構造」は、東京大学工学部で講義に使われ、戦後造船関係先に配布されていたものです。そこには大和とは書かれておらず「戦艦舵構造」とされていたので、大和のものだとは思われていなかったんですよね。

脇田 それまでイメージされた大和の舵の形状と違うので結びつかなかったんです。そのイメージされていた舵の形っていうのも、戦後の復元図からきている形なんです。

田中 艦尾の部分も新たな考証にのっとっています。従来は先端部に平坦な面があるといわれていたものが尖った楕円形になりました。

脇田 これまでは艦尾先端は平面に近いゆるいカーブという解釈が一般的でしたが、それに対して今回の1/700では尖ったようなシャープな感じになってますね。これはある意味「普通の船」によく見られるような形状に戻した、というだけのことなんですけれども。そもそも大和の艦尾にはハインマット式というリール式ドラムの艦載機収容装置が設置されることになっていて、そのために艦尾を平面にするという計画がありました。ただ実際に建造されるときには、この装置は使い勝手が悪くて採用されなかったんです。それで「この装置がないのであれば平面はいらない」ということで丸に戻したのではないでしょうか。艦載機収容装置を設置するという計画の時の話が残っていたので、「大和の艦尾は平らにする予定だったんだよ」っていうお話が一人歩きして平坦面があったということになっちゃったんでしょうね。でも、写真をよく精査すると、基本的には平らなところはないってことが見て取れますので、自分は前からここはこの1/700のような形状だったと考えていました。

田中 それを言い始めたのは脇田さんが最初かな。それまでは、やっぱり「平面はある」っていう説が有力でしたから。このくだりはキット同梱の「開発メモ」という冊子で詳しく紹介しています。「平坦面があった」説を完全に否定するわけではありませんが、我々としては資料に基づいてこのように考えているということです。

脇田 大和の場合は、艦尾がずんぐりしているんですよね。ほかの戦艦では艦尾は艦首と同じように尖った形状になるのが普通なのですが、大和の艦尾は丸みが強いんです。だから平坦部分がなかったとしても、見ようによっては平らな感じにも見えます。ただ、艦尾の上端の縁にリップといいますか、めくれたような部分があるんですね。写真ではそこに影が出ているのですが、平坦面があるとすると、どうやっても写真のような形の影は出ないはずです。その写真判定から自分は「艦尾に平面はない」と判断しました。「そんなのはたまたま写った黒い影だよ」というふうに思われる方もいるかもしれません。あくまで写真判定なので、その写真をどう解釈するかは個人の自由なのですが、縁にリップ／めくれがありそこに写真の様な影が生じているとき、艦尾に平坦面があると変だというふうに考えるのが自然なんです。作図してみるとわかるんですけれど、縁にリップを作るとなると、平らな部分というのはほとんど残せなくなっちゃうんですよ。自分は、作図だけではなくモックアップ／研究用模型を作って、実艦写真と同じ角度で光を当て、同じ角度で見てみるという検証までしてみました。そのうえで、「平面部分はない」と結論付けたんです。

田中 その根性に感動した。（笑）

一村 まだ完全とまでは言えないんですけれどね。あくまで写真からの判定なので平坦面がまったくないのかと問われると確証はありません。

脇田 写真だけではどちらとも言えないところが残りますよね。それから、艦尾の舷側搭載艇収納庫の入り口の形状が、1/700にしては非常に正確にできているというのも、今回の1/700の新しいところですね。

田中 舷側搭載艇収納庫の入り口のカーブの形状が従来の解釈とは違うんですよ。これは図面からの考証でわかったところです。

脇田 以前は、艦尾の舷側部分に後付けの張り出しのような感じで収納庫がついているような解釈が多かったのですが、今回の1/700大和は外形が滑らかにつながる造形になっています。この格納庫、従来のキットでは割とポコッと貼り付けたように飛び出ているんですよね。これはこの部分の正確な図面が発見されたことから判明

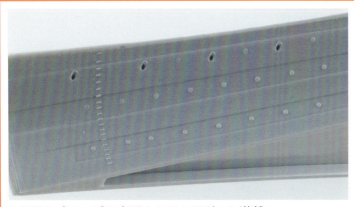

1/700プラモデル表現としてのこだわり満載

- 海底探査ではっきりわかった艦首の菊花紋章台の形状や艦首フェアリーダーの形状を再現。ここを分割することで組みやすく形状を損なわないように配慮されている。なお、菊花紋章のサイズは従来の1.5mではなく1mとされている
- 第1艦橋下の遮風装置は別パーツとし、隙間が表現されるような形状で成型されている
- 武装類のランナーには精密モールドの「NE01R 新WWII日本海軍艦船装備セット[1]」が使われている。シールドなしの12.7cm高角砲などはこのランナーのパーツを使用するようになっており、砲身の角度を変えて組むこともできる
- 艦体パーツにもスライド金型を使用することで舷側のディテールを再現。フレーム構造解析から導き出された位置に舷窓やラッタル、配水管などのディテールを再現。艦体はフルハルと洋上模型を選択して組むことができるようになっている
- 艦底部分は信濃の図面から読み取れた給排水孔のディテールを再現。また艦底の外鈑表現もこれまでの大和のキットとは異なる解釈で再現されている

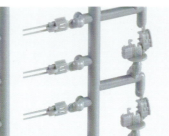

したのですが、1/700でありながらこういう細かいところの微妙なラインまで正確にトレースしているというのは、なかなかなかったことじゃないかなと思います。

田中 図面で見ると搭載艇の格納庫の入口部分の形状がわかるんです。

脇田 六角形に近い格納庫の扉の形が1/700でも正確に出せましたね。ここはそれまではわからなかった部分です。中に入る艦載艇の形……船をぶら下げた時の形に合わせてこういう変な形になっているんです。こういうところの扉って小さい方が防御上は有利なのでできるかぎり小さく作りたい。最小限の形にしたからこんな形状になったんでしょうね。

田中 格納庫の下の部分に舷外電路が走っていたりするので、写真で見ると段差があって飛び出しているようにも見えるんですよ。

脇田 写真では影になるし錯覚しやすい形状ですね。そこにライン状の舷外電路が走っていたりするので形が読みにくい。図面が発見されて初めて形状がよくわかりました。

田中 実際はなだらかな傾斜面の途中に舷外電路が走っているんですけれど、そこが折れ目に見えちゃうんです。図面にはそこがフレームの217番とあるのですが、ここでまたフレーム間隔表がでてくるわけです。「このフレームがここにあるから……」と推測が拡がっていく。いろいろなライン図と複合させながら「合っているであろう」線を選びながらモデリングしています。

脇田 艦尾から離れますが、甲板に設置された25mm三連装機銃の増設ブルワークの形がこれまでの大和模型と違いますよね。昔はここは丸くするのが普通だったんです。それが「丸く囲っていると人の出入りの邪魔だろう」ってことに思い至って半円ぐらいだったのでは、となったんで

す。そしてその後、一村さんが「角っぽい」形状だったということに気づきました。それからはだいたい八角形の半分を切り欠いたような形で再現されることが多くなった。しばらくは動きがなかったんですが、僕らがもうちょっと調べた結果では、いまのところ十角形を半分にしたような形状だったのでは、というところにに落ち着いています。角はあるけれど丸に近づけた形状ということですね。そういった機銃ブルワーク形状も今回の1/700では再現されてます。

田中 もともと丸として解釈されていたものが角張ったものになり、それが丸っぽく戻っていくという感じですね。図面の表記は丸なんですが、この描かれた丸は機銃の旋回範囲、そういうものを表しているのではと考えています。

脇田 一般艤装図を見ていくと、シールド付き機銃とあとから増設されたシールドのない機銃はみんな同じ丸になっています。これをブルワークの形と解釈すると当然全部丸ということになっちゃうんですが、そうではないだろうと。

田中 だから昔の大和の模型はブルワークが丸で造形されたものもありました。しかし、残された記念写真の背景に写っているものを見ていくと十角形に見えます。

脇田 写真ということで言うと、ここもモックアップを作って、影の落ち方だとか甲板との角度のでき方だとか、そういうことについて全部同じように写真を撮ってリサーチしたりすると、十角形以外に落ち着くところがなくなっちゃうんです。それから、艦尾の主砲塔周りに増設された三連装機銃にブルワークはないというのが通説ですが、僕はあったんじゃないかと思っています。今回の1/700を見て「ないんだ!?」って思ったんですけど……。

一村 レイテ戦の時の写真を見るとないように

見えるんですよね。

脇田 でも、レイテ戦でさんざんひどい目に遭ってるからこそ付けたんじゃないのかな？ だいたい武蔵では、土嚢だけを置いておいて、さんざん目に遭ってますからね。

一村 艦首側主砲周りに配置された機銃のブルワークが写っているのは確認できるんですけど。

脇田 そこは艦橋横の記念写真に写っていますから確認できますね。少なくとも最終時にブルワークが付いていたのは間違いない。

一村 艦尾側の機銃だろうと思われるところは、その周りにブルワークが写ってないんです。

脇田 ただ、これも沖縄戦の時の写真ではないので、沖縄戦の時には付けられていてもおかしくはないでしょう。そこも解釈の余地がある。

田中 キットにはブルワークのパーツを入れていますので、必要だと思えば取り付けて作ることも可能です。そこも「作り手に任せたい」と判断したところのひとつですね。

脇田 本当に些細な部分なんですが、私たちはこういう部分をずっと研究しています。「じつは大和の主砲は4つだった」とか、「副砲はなかった」とか、それぐらいのことなら一般の人にもわかりやすいのでしょうが、そんなことはもちろんなくて、もっと細かい部分の検証をしているわけなんです。武蔵の海底探査で発見された後部見張り所のところにあった張り出し、ブルワークなども、一般の人からすると細かなところかもしれませんが、我々にとっては大きな発見でした。以前の模型ではこの張り出しがなかったので自作して再現するしかなかった。

田中 ここの部分の海底探査の映像は、想像していなかった分興奮しましたね。

脇田 大和としてはこの1/700が始めてですね。大和でも同様の構造物が写真で残っているので、

確証があるかと問われればないけれど 図面を引いていくと見えてくることがある（一村）
もちろんこれが"結論"ではありませんが これまでにない再現精度を出せたと思います（田中）

これは間違いないです。僕も昔から1/700を作る時に「なんだろうこれは？」って気になっていたんです。レイテ沖海戦時の写真を見ると、たしかにこの部分にブルワークがついて見えます。

田中 私も、武蔵の海底探査でこの後部見張り所のブルワークが見つかった時、すぐに大和の写真も見ましたよ。それで「ああ、大和も付いているな」とわかりました。

一村 大和の海底探査ではいまのところ見つかっていないけれど、レイテ沖海戦の写真ではこの張り出しが間違いなく写っています。

脇田 それから、大和を研究している人の間で意見が別れるところですが、この1/700の増設兵員待機所の形状と機銃射撃指揮装置の配置は僕の説とは違っていますね。以前はここの機銃射撃指揮装置は下部探照灯甲板から延びている解釈が一般的でしたが、今回の1/700では、上の増設兵員待機所の壁に付けているということになりました。増設兵員待機所っていうのはそもそも臨時に作ったものなので、ペコンペコンのプレハブみたいなもんなんです。その壁面に機銃射撃指揮装置のような重い光学機器は取り付けられないはず。内部を補強するなら可能ですが、そうすると今度は兵員待機所の容積が減ってしまいます。あと機銃射撃指揮装置の高さもこの位置では高すぎるのではないでしょうか。こういった指揮装置や探照灯管制器は、艦の中心線に対して内側のものは高い位置に配置され、外側のものは低い位置に置かれます。射界／視界を確保するためには当然そうなりますよね。ところが、この1/700の配置では外側に増設された機銃射撃指揮装置が高い位置にあります。ほかにも支柱部分の構造も私の考えとは異なっています。

一村 指揮装置の位置を下げると死角がけっこうできるような気がするので、高い位置にあった、のではないかと考えているのですが……。

田中 自分は元々は脇田さんに近い考えだったんです。そこで、「高い位置にあった」案と中間案、その3つを実際に3Dデータで作ってみました。そのうえで、海底探査の機銃射撃指揮装置の写真を見たこともあって、結局は一村さんの考えに近い「高いところにあった」という形で今回はキット化しました。増設兵員待機所の幅を下部探照灯甲板の幅ギリギリまで広げると艦橋と煙突側との通行ができなくなるという問題があって悩んだのですが、今回はこういう解釈に落ち着いています。ここは大和を研究される方の間でも「これだ！」という決定的な確証がないところなんです。

一村 機銃射撃指揮装置の配置については確証があるか、と問われればないんです。でも、図面を引いてみて、その上でいろいろと位置を合わせていった時に一番収まりがよかったのが、兵員待機所より少し飛び出すぐらいの位置だったんです。機銃射撃指揮装置に後ろから乗り込むハッチがあるんですが、低い位置に機銃射撃指揮装置があったとすると、増設兵員待機室が邪魔になって機銃射撃指揮装置に乗り込みにくいっていう点もあります。このあたりは1/700では本当に小さなパーツのちょっとした差なんですが。

脇田 僕は、そもそも増設兵員待機所の幅もそんなに広いとは考えていないんです。幅が広いと通路のスペースがなくなって前後に行き来ができなくなってしまうから。一方で摩耶が沈没した際に40名の乗組員を収容したという話もあるので、ある程度の広さがないとおかしいという説もわかる。こういった議論をしていると結論が出ることはほとんどないのですが、みんなでいろんな視点から同じ物を見るっていうことはとても大事ですよね。結論が出る、出ないということとは別に、違う人の意見を聞いてお互い意見を交わすというのは考察を深める上でとても大事なことです。一人で考えていると偏った考え方になってしまいますし気付きも少ない。資料はいろいろな見方ができます。いろいろな人の意見を聞くことによって資料を読み解く視点が広がりますからね。

一村 あとから確定的な資料が出たら、コロッと自分の説も変えますけどね（笑）。

田中 今回はそれぞれの意見を精査した上で、こういう形に落ち着きました。考証が深まるにつれ途中で変わっていくのもよいことだと思います。「どうしてもこうじゃないといけない」と決めつけることはできないですから。

一村 「前からそう思ってたんだよ」なんて（笑）。

田中 議論をしている時は、どっちに軍配が上がるか、といったところが考証の楽しみでもありますね。大和については今のところ結論が出ないところがたくさんありますが、それぞれが心の中に「私はこう考える」ということがあるのがいいかなと思っています。今回の1/700大和は、そういった「考察」をできるだけすくい上げて最大公約数的にまとめています。

脇田 大和では、ひとつの形に集約するっていうのはとても難しい。

田中 いまだに「個人的にはこう思う」「実際はこうじゃないかもしれない」と思うところもあるにはあります。でもキット開発には期限もありますからね（苦笑）。考証としては最大公約数的なところがあって「唯一の正解」とは言えないでしょうが、全体としての形状や位置関係的なところではこれまでにない精度を出せたと自負しています。細部などについて違う考え方のある方は、それに基づいて改造していただければ、これまでにない1/700大和が作れると思います。■

いまわかっている考証を詰め込んだピットロードの意欲作
1/700大和最新形。

ピットロードの1/700 戦艦大和 最終時。その「実力」を知るために、キットのプラスチックパーツとデカールだけを使って組んだストレート組みの状態をお見せしよう。考証面での充実ももちろんなのだが、現行の1/700艦船模型キットの最先端な細密ディテール再現にも要注目。組み立てて塗り分けるだけ、ディテールアップを一切しないでもこのクオリティーの大和が手に入るのだ。

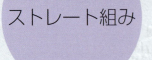
ストレート組み

▶1/700艦船模型のディテールアップの定石である「構造物側面の工作」がほとんど必要ないほど、主砲バーベットや砲塔側面、舷側などの側面ディテールがモールドされており、低い位置から見たときの精密感やリアリティーを引き上げている。同時に極力パーツを一体成型にすることで作りやすくなるように配慮されている

◀キリッとしまった印象となった艦橋。艦橋のパーツ割りはこれまでの大和のプラモデルにないパターンで、前後に分割して側面に合わせ目ができるようになっている。従来のキットでは再現が難しかった下部見張り所の前の窓の間にある折れ線部分と窓の形状兼ね合いも再現。後部のハッチの数や位置もしっかり再現されている

◀新考証がぎゅっと詰まった艦尾部分。新たな解釈に基づいた形状の舵や増設機銃のブルワーク、艦尾の平坦面、短艇の格納庫など見どころが多い。連装機銃の有無や空中線支柱などいまだに結論が出ていない部分に関しては選択パーツが用意されており、製作者の好みの考証に基づいて組み立てることが可能だ

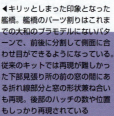

日本海軍戦艦 大和
ピットロード 1/700
インジェクションプラスチックキット
製作・文／中村勝弘

　ピットロードの「戦艦大和 最終時」は、最終時、つまり大和の沈んだ1945年の天一号作戦時を再現しています。同社は、駆逐艦などの小型艦艇や海外艦艇を中心に製品化してきたメーカーですが、35周年記念キットとして発売したのがこの戦艦大和です。大和は国内ではもっとも知名度が高い艦で、国内スケールモデルメーカー各社から多数のプラモデルが発売され、とても競争が激しい題材です。艦船モデラーなら、一度はいずれかの戦艦大和を作ったことがあるのではないでしょうか。過去にも名作キットが存在する大和ですが、それを「艦船模型のピットロード」がどう再現するか。艦船模型ファンの間で話題を呼びましたが、その内容は予想を遥かに上回るすばらしいものになりました。

　戦艦大和のプラモデルは、これまでもいろいろな模型メーカーが開発してきています。最近では接着剤不要のスナップフィットや多色成型の採用で作り易さ重視のキット、1/450や1/500などいろいろなアプローチも生まれてきていますが、このピットロード製1/700大和には「1/700でできうるかぎり戦艦大和の実像に迫ろう」とする気迫を感じさせられました。このあたり、さすが「艦船模型のピットロード」

と言わざるを得ません。精密再現のためにたしかにキットのパーツ数は多いのですが、最新の金型技術で成型されたパーツは精度が高く、思いのほか組み立てはしやすいです。艦橋部分の微妙な形状の再現や完成すると見えなくなってしまう内火艇や水上機格納庫を作ることで、戦艦大和の構造を理解し実際に組み立てているような疑似体験をさせてくれます。また、キットには、「真実の大和」という冊子が付属しています。本キットを開発した際に積み上げられた戦艦大和に関する膨大な考証の主要部分をまとめたもので、ピットロードの本キットに対する意気込みがつまっています。戦艦大和のようなメジャーな戦艦であってもまだまだ不明な点がたくさんあるいま研究の途上ということもよくわかりました。考証というと難しいイメージがあるかもしれませんが、その在りし日について知り、そして想像しながら製作するのが艦船模型の醍醐味だと思います。

　このように総合的に艦船模型を楽しむことができるこの1/700大和は、フラッグシップモデルの名に相応しいピットロードを代表するキットになったと思います。年次違いや同型艦武蔵も同様のクオリティーですので、大和型をずら

りと並べてみるのも楽しみです。

　さて、前置きが長くなりましたが、まずはストレート組みで製作してみましたので、そのインプレッションをお伝えすることにします。艦体は、洋上モデルとフルハルの選択式で、今回はフルハルで製作しました。艦体部分とフルハル用の船底部分は、一体成型でありながら、表面に消磁舷外電路、舷窓、鋼板の継ぎ目まで、シャープなモールドで繊細に再現されています。船底部分には、注排水のための給排水孔やスクリュー、舵が正確に再現されています。特に艦体の鋼板の表現は見事で、1/700スケールとは思えないほどの情報量です。

　甲板上の構造物の大半が別パーツ化されていて、ディテール再現だけではなく、甲板部分の塗装やマスキング作業の負担が少ないのもうれしいポイントです。戦艦大和は、時期により甲板上の対空機銃の位置や数が大きく異なるのでそれらの取り付け用の穴をドリルで開口するのですが、本キットでは甲板裏面に取り付け穴のガイドがモールドされ、艦や時期ごとに特徴的なマークにしてあるので、どこを開口すればよいのかがとてもわかりやすいです。ちょっとしたことですがこういう工夫はいいですね。

　戦艦大和の艦橋は帝国海軍戦艦の集大成に相応しく洗練された機能美溢れるデザイン。本キットは、最新の考証に基づいて細部まで再現するために、艦橋は数多くのパーツで構成されています。部品数は多いですが精度が高いので、説明書どおりに組めば迫力ある戦艦大和の艦橋を組み立てることが可能です。艦橋上部の第一艦橋の窓はクリアーパーツが用意されています。最新の海底探査の結果から22号電探架台の形状や艦橋後部の増設兵員待機所にも新考証が取り入れられています。煙突はラッタルのモールドのところがパーツ接合部になるようにしているので合わせ目処理をする必要がありません。
　大和の主砲の口径は戦艦史上最大の46cmでしたが、口径秘匿のため正式名称は「九四式四五口径40サンチ砲」と呼ばれていました。砲塔表面に繊細なモールドが施され、砲身基部のキャンバス部分の布表現も見事で、砲口もスライド金型でシャープに開口されているのも、嬉しいポイントです。2番、3番主砲に取り付けられた機銃座の位置が、これまでの大和のキットよりも前寄りとしているのも新鮮です。
　15.5cm三連装砲の砲身は最上型軽巡洋艦から流用されたものですが、装甲が強化されているので砲塔形状は変化しています。測距儀のフードを左右形状が異なる別パーツで再現し、表面のラッタルもきちんとモールドされています。
　本キットの武装のパーツはディテール再現に定評があるピットロードの別売り艤装パーツセット「新WWⅡ日本海軍艦船装備セット（Ⅰ）」が2セット含まれています。置き換え用プラ製艤装パーツの定番とも言える武装セットですね。この武装セットから、シールド無しの八九式12.7cm連装高角砲と25mm機銃を使います。どちらも繊細なモールドで再現性が高いです。主砲の爆風を避けるためにシールドが付けられた八九式12.7cm連装高角砲と25mm3連装機銃は、シャッターのモールドも再現され、シールド付き3連装機銃の方は、通常型と簡易型の微妙な形状も、きちんと再現されています。
　戦艦大和は最大7機もの水上機を搭載運用するため、艦体後部の広大なスペースを飛行作業甲板としていました。キットの飛行作業甲板部分は、航空機運搬軌条だけでなく甲板の継ぎ目まできちんとモールドされています。完成すると甲板に隠れて見えなくなってしまうその下の水上機格納庫もきちんと再現してあります。また、艦尾の内火艇格納庫は二段構えの扉も別パーツでしっかりと再現されていて、内火艇格納庫内に到るまで再現されています。
　キットに付属している零式観測機と零式水上偵察機はどちらも翼が薄く成型され、表面にはパネルラインがこまかくモールドされています。本体の大和に劣らず良い出来なので、この水上機は単体販売してほしいほどです。
　以前には大和には三連装機銃しか装備されていないと考えられていましたが、最新の海底調査において艦体後部付近で連装機銃らしきものが見つかりました。いまのところ搭載されていた場所は特定されていませんが、作例では後部の航空機甲板上に連装機銃を配置してみました。
　艦体中央部の木甲板部分の塗装は、色味の異なる4種類の木甲板色で再現しました。0.4mm幅のマスキングテープをランダムに張り付けて塗り分けることで、広い甲板色にも間延びさせずメリハリがつけられたと思います。甲板塗装後マスキングをして艦体色塗装をしてから、細部の塗り分けを行ないました。艦首の菊花紋章、艦橋側面の舷側灯、浮き輪、ホーサーリールなどをこまかく塗り分けることで色味のアクセントとなり単調に見えることを防げます。艦体のウェザリングはパステルで行ないました。■

ピットロード 1/700 戦艦大和 最終時

ていました。艦橋のトップ部分だけが横に飛び出しているのが見える状態で、艦橋基部は全く見えないです。副砲塔は、転倒していましたけ

ました。

ません。現状では、さらに映像を精査するしかないですね。

発見された連装機銃は船体から離れて落ちて

呉市海事歴史博物館
大和ミュージアム館長
戸高一成

■1948年生まれ。呉市海事歴史科学館、通称「大和ミュージアム」館長。日本きっての海軍史研究家であり、(財)史料調査会理事、厚労省所管「昭和館」図書情報部長などを経て、2005年、自身も創設に尽力した同科学館の初代館長に就任。著書に『戦艦大和復元プロジェクト』『戦艦大和に捧ぐ』など

特別インタビュー

存在の確認から一歩先へ。'16年の探査プロジェクトでその足掛かりができました。

いるので、どこに搭載されていたのかは直接的にはわかりませんでした。わかっているのは、三番主砲塔のそばに落ちているということ。25mm三連装機銃のようなブルワークが設置される場所は三番主砲塔の艦尾寄り側にありますので、その辺であろうということは推測できます。また、ブルワークの周囲が鉄甲板のように見えるから、木甲板の部分に配置されたのではなさそうだという推測もできます。木甲板のところなら木が腐っても甲板に留めるアンカーボルトのようなものが並んでいるはずです。でも、そういったものは見えずフラットに見えます。ですから、鉄板の上にブルワークを取り付けた箇所の中のどれかに、何らかの事情で連装が装備されたという風に考えているんです。

底面が割合フラットに映っているのときいに剥げ落ちる状況というのを考えると、後部の木甲板より後ろの装甲が施された飛行機整備甲板的な部分に搭載されていた可能性は大きい。ここは大きくていろいろな形をした装甲鈑が組み合わされて防御甲鈑になっていて、それぞれの装甲鈑ごとに船体に止めてはあるけれども、甲鈑同士を溶接しているようなことはないんです。ですから、その大きな板ごときれいに取れてしまうという可能性はあります。複雑な形の甲鈑が組み合わさった構造で、その一番上の層が機銃の台座ごと落ちていったのではないか。甲鈑そのものの上に直接ブルワークか何かが付けられていて、そこに機銃が付いている感じで。近年のプラモデルなどでは図面を元にしてきれいに分割線が入っていますけれども、その分割線1枚1枚がバラバラになった可能性は大きい。このような構造はなかなか模型メーカー泣かせで、「世界中の大和の既存のプラモデルはすべてここがきちんと再現できていない＝全

滅である」とも言えます（苦笑）。大和ミュージアムの1/10の模型は、今までも新しい資料が出る度に手直ししているんです。細かくて誰も気が付かないところが多いんですけれど。それで、この連装機銃を見たときにはショックでした。「これは直すとなると大事になる。なかったことにしたい」と（苦笑）。現状では場所がわからないので手は付けられませんけれどね。いずれ「ここにあった」ということが判明したら、やはり、しっかり直そうとは思っています。

●

菊花紋章に関する発見も大変なことでした。昔から大和の御紋章は1.5mと言われていたのが1mだということがわかったのですから。よくよく考えてみると、菊花紋章の大きさが1.5mという根拠になる資料ってないんです。だから大和は巨大という刷り込みで、「大和はすごい艦だから、菊花紋章も陸奥／長門より大きいはずだ」という風な思い込みがあったんでしょうね。そういう憶測が積み重なって「大和の菊花紋章＝1.5m」説が知らない間に定着したのかもしれない。戦艦の御紋章は普通1mから1.2mです。艦政本部の規格では、戦艦は1.2mということになっているんですが船のデザイン上大小はあるんです。大和は全体のプロポーションを見て1mにしたんでしょうね。

菊花紋章の大きさがわかったのは、50cm幅の平行なレーザービームを出す機械を持っていったことによります。正面からビームを当てたところ、中心から縁までが50cmぴったりだったんです。物理的なメジャーを持っていって測ったりもしますが、それだと誤差が出ます。50cm幅のレーザービームによる測定の結果と

して、半径50cm／直径1mということで結論付けられました。

公試中の写真のなかにきれいなものがあって何度も見直しているんですが、そうすると近くに水兵さんなどが立っていて、ぱっと見で菊花紋章が1.5mくらいかなとも見える。でもおもしろいもので、1mと思って見るとそのように見えてくる。従来からある写真でも、新たにわかったことを踏まえてそのつもりで読み直すと、そういう寸法なんだということが見えてきます。ですから、現在残っている写真を改めて見直すっていうことはとても重要です。それまで先入観で見ていた部分が、先入観を取り払って見直すことで、もう少し新しいものが見えてくることがある。

1/10大和ではもう直しましたが、錨のホースパイプのところなどもそうでした。大和型錨の出口のところがものすごく甲板からせりあがっているんですが、これは写真を詳細に見ていくとちゃんと写っています。それがわかるまでは、大和のホースパイプのところも以前の戦艦のように小判型に穴が開いているだけと思われていました。でも、1/10を作っているときに担当の造船所の人間が言うんです、「戸高さん、ちょっとおかしい」って。「錨をちゃんと作って入れたら甲板の上に錨のアームが大きく飛び出す」ってことですよ。そこで資料を調べ直したら、飛び出したぶんの下にちゃんと枕になるよう高く台ができていることがわかった。有名な公試の写真でも拡大すると見えたんですよ。だから、いまある、すでに持っている資料も徹底的に見直さないといけない。先入観で「ここはそういうもんだ」と思い込んで見ると、写真に写っているものが見えてこない。錨のホースパイプの件も反省材料ですが、もう何

十年もいろんな人が検討に次ぐ検討を重ねたものであっても、さらにもう1回見直す必要がある。先入観を捨て、いろいろな方が写真をしみじみ端から端までしっかり見直すという作業をやり直せば、まだまだ、新しい誰も気が付かなかった発見が出てくるのではないかと思っています。

●

探査についてまとめた『戦艦大和 2016年深海撮影調査プロジェクト』の巻末には、武蔵のこれまで発表されていなかった写真が十数枚初収録されていますが、これらを最初に見たときには仰天しました。

乗組員の若い士官の方が撮影した写真です。実にのんびりしていますよね。武蔵の甲板で輪投げとかしていて。この写真で驚いたのは艦の後部の写真が多く含まれていたところです。武蔵についてそれまでたくさん残っていたのは、技術少佐の堀内さんという方の撮った艦前方の写真でした。堀内さんの写真は私が奥様から写真を借りて全部チェックしたんです。本当に後方を撮っていないのかと。これが撮ってないんですよ（苦笑）。「後ろも撮ってくれればよかったのに……。後部にわからないところいっぱいあるのに」と永年思っていたところに後部の写真がたくさんでてきたのでとても驚きました。

ちなみにこの写真が後部で撮られていたのにはわけがありました。なぜかというとですね、一段下がった艦尾甲板は艦橋の方から目が届かないところだったんです。上官の目を盗んで楽しくスナップしやすいポイントだったんですね。上から見られると「お前ら何やってるんだ」って怒られてしまうから（笑）。ですからこの飛行機甲板のレセスの一番低いところあたりで撮った写真は結構多いんです。

海軍の方は記念撮影が好きですから、このようなスナップや記念写真は結構たくさん撮っていたんです。写真が残っていないと言われる「信濃」もあるんですよ、スナップなら。ただ、飛行甲板の上で撮っていて後方が海なので、艦の構造は何も写ってないだけで。でも、そういうものもやはり貴重な歴史の記録ですし、ごく一部写っている部分から新たなことが判明することもあります。

武蔵の砲術長の息子さんがお持ちの写真が2015年にあらたに見つかりました。大和型戦艦が主砲を撃っている写真です。ただこの写真には何も裏書きなどありませんでした。ご本人から武蔵だと聞いていたのですが私には確定できなかったのでずっと「大和型」の写真と言っていたんですが、その後、写真を拡大してみたら、ヤードの先端部分から武蔵であることが確認されました。大和型の風向計と風速計、武蔵は2本別に立っているんですが、大和は風向計と風速計が1本の棒に繋がっています。写真を拡大したら、とんがりが2個あったので、「これは武蔵で間違いない！」と確信が持てました。ずっと長い間、「どこなら2艦を見分けることができるか」ということを考え続け、識別箇所を拡大してみたんです。最初に写真を見るときには気が付かなくても、「ここを見ればいいんじゃないか」ということを考えながら1つの写真を読み解いていくことで初めてわかることがあるんです。

●

艦尾は、海底探査で写すことができたんですが、沈没のとき艦尾から落ちているようであまり判然とはしません。でも、じっと見ていくと、海底にぶつかってできた歪みではない鉄板固有のフラットな部分も、ちょっとですが、見えることは見えます。やはりあれは、武蔵の図面でちゃんと書かれているように、水線上に平面部が若干あったという風に考えています。水線下にはありません。ここは線図にするとすごく難しいところで、1/10大和を作るときにはものすごくちゃんとした線図を作り起こしたのですが、あまりにもデリケートで線図のラインをなかなか再現しきれませんでした。1/10大和にはちょっと手を入れたいところが残っているんですが、ここもそのひとつですね。私の考えでは、水線下にはフラットな部分がなく水線上にフラットな部分がわずかに残っている。現存している図面でもそういう表現になっていて、それが近いんだろうと思っています。

舷外電路についてもいろいろとわかりました。ぴったり押さえてあったのか、隙間があ

1/700 ピットロード
1/700 フジミ
1/700 アオシマ
1/700 タミヤ

●1/700スケールで代表的な大和のプラモデル各種。手前のタミヤは'98年に発売されたもので、発売からすでに20年経つが作りやすさは未だに一級品（作例はキットの最終時からレイテ沖海戦時にディテールアップされたもの）。戦艦大和の考証は時代によって変化し続けており現在、最新のものが後年に誤りとされるケースも多い。代表的なものが艦尾形状で、古くは楕円形だったものが90年代には平坦なものとなり、その後は平坦面が小さくなっていき現在では再び楕円形状へと戻った。同様に現在、正しいと言われる考証が古いものへと回帰していく可能性もある

●呉市の海底探査の情報を詳しく解説した『戦艦大和 2016年深海撮影調査プロジェクト』(PHP研究所刊／税別2700円)。海底の画像を映したDVDのほか巻末には武蔵の新発見の写真も収録されている

それまで検討を重ねてきた資料であっても、さらに見直すことで新たに見えてくるものがある。

ったのか。いろいろ見ていくと、「ここはカバーがあったが失われた場所なのではないか」あるいは「これはこのままの状態だったのだろう」、それから「ここは艦内にワイヤーを引き込む場所である」など、いろいろなところをチェックできました。私がもうちょっと知りたいのは、舷側のジャッキステーと言いますか、手すりが2段あるところですね。塗装作業をする時の足場などとして使われるものですが、写真を見るとあること自体は確かなんだけれども、どこまであったのかがわからない。始まりはわかるけれど反対側の端がどこまであるかわからなかったりする。1/10を作るとき、最初は「ジャッキステーを付けよう」という話があったので、一旦つけてみたけれど、わからないので断念しているんです。そういう、「存在すること自体はわかっているけれども細部がわからない」ために1/10で再現を断念しているところはいろいろあります。いまは「船の機能としての本質的な部分から若干外れるところは省略してもよい」という判断にしていますが、そういうのもきちんとわかれば追っかけて作ってみたいですね。

●

以前の大和海底探査の映像を見ると、「大和を見つけた」というところで意識が止まってしまっていたように思います。

海底で見つけた大和が映像に写っていること自体に意味があって、意識がそこで止まっていた。ひとつひとつの構造物に対する「問題意識」があまりなかったということなのでしょう。なので、映像を見ていると「そこでちょっと止まって!」とか「ちょっと反対側を見せてほしい!」となるんです。やはり、マスコミが主体で行う調査／取材と博物館が行ないたい調査というのは本質的に違うものなんでしょうね。

ですから、'16年の探査では、まずそれぞれ船体や砲塔といったものを全部見つけたうえ

で、撮影するときにはカメラを周回させるようにしてもらいました。とくに、従来の映像では映ってはいてもよく見えないようなところを極力狙って映すようにしています。充分だったとは言えないので、まだまだ追加の探査／撮影が必要だと思うのですが、とにかく、初めてそういう意識に基づいた大和の調査を行なうことができました。また、幸いにしてその際投入されたカメラが母船のGPSと完全に連動していたので、撮影する瞬間にカメラの見ている方位、海面からの深さ、海底からの高さ、こういった情報をリアルタイムで記録できています。あとで地上でそれらのデータを再現することができたのは、私にとって、従来の調査との最大の違いであり成果であったと思っています。

そして、'16年の探査の成果の本質は細部の撮影だけではありません。古代の遺跡の発掘のように、まずは「現状の正確な把握、地図を起こす」ことが非常に重要な目的であり成果でした。まず初めに海底の現状の地図がきちんと起こせないと調査を先に進めていくことはできません。限られた探査日数のなかで次へのステップへの足場を固めるためにも、現状の把握は非常に重要です。

海底を探査するとつい沈んでいる物体だけを撮ってしまうんですよね。大和だったら大和の船体だけを撮って終わりにしてしまう。でも'16年の探査では何もないところも撮りました。つまり、約450〜500mぐらいの正方形の中を、物体があろうがなかろうが全部カメラを走らせるようにしました。これをやったがために、それ以前には誰も行かなかったより離れたところに21号電探のアンテナがあるのを発見したり、いろいろな飛び散ったパーツを発見し、同時にその位置を特定することもできました。

地図を起こすときの大原則なんですが、「そこには何もない」というネガティブインフォメーションはとても大切なんです。そこにある物体を撮るだけではなく、「そこにはない」ということを確認するということも大切な調査なん

です。そのためには定めた範囲のなかを塗りつぶすように探査する必要があります。これが非常に重要な作業でした。これにより「調査の必要がない」場所も確定していきますから、次回はそこに行かなくてよくなるわけで、以降の探査が効率化します。こういったところが「博物館の発想」なんです。

●

撮影に使用した水中ロボットカメラは、かなり大型の高性能のものでした。

日本でもいろいろなメーカーがかなり高性能の無人探査カメラをたくさん作るようになってきています。ちょっと前までは有人の小型潜航艇に人が乗って行っていました。有人艇はその場での判断ができるのでよい面もあるのですが、母船は大きくなるので費用がかかるし危険も大きくなる。いろいろと難しいんです。でも小型無人艇ならば、経費や安全性の面でメリットがありますし、母船にケーブルで繋がっていて、やる気なら1日中作業ができる。有人艇よりもっと高性能で、もっと簡単に、そして経費もかからずに、効率よくさらに良い情報を取ることができるようになりました。

ただ、こういった技術の進歩を待っていると、肝心の大和はどんどん錆びて崩壊していきます。'16年の探査では、海底での崩壊速度というものの速さに驚きました。以前の映像に比べて、もう、本当にびっくりするぐらい崩壊してきているんですよ。武蔵はだいたい1000mぐらいに沈んでいるので生物が少なく保存状態が良いのですが、大和は350mぐらいでサンゴが付いたりしています。ああいった生物が付くと鉄の錆びがどんどん進んでいきます。同じような時期に沈んでいる両艦ですが、腐食の速度は大和のほうがはるかに速いです。ですから、大和については、なんとかチャンスを作ってこれ以上損傷が進まないうちにさらにいろいろと調べていきたいですね。 ■

(インタビュー／2018年2月収録)

お店に行くと大和のプラモデルが超たくさんありすぎる!!
どこがどう違うかまったくわからない人のための
5分でわかる
戦艦大和プラモデルをおさらい

本書ではピットロードの1/700大和にクローズアップしていますが、もちろんそのほかにも大和のプラモデルはたくさん販売されています。ただ……たくさんありすぎて、一見さんにはどう違うのかさっぱりわからない！ というわけでここでは、より良い大和模型ライフを送るための「5分でわかる大和のプラモデル」をレクチャー。同じように見えて個性溢れる大和のプラモデル、並べてみるといろいろ興味深いぞ。

スケールモデルにおける「巨人大鵬卵焼き」といえば、零戦、ティーガー戦車、そして戦艦大和。そのなかでも現在プラモデルの選択肢がもっとも多いのが大和ではないでしょうか。ここに並べた、現状真面目に作る選択肢となり得るキット主要だけでも8種。同じアイテムでスケール違いも含めてこんなにある選択肢があるのはRX-78-2ガンダムくらい？ でもガンダムはキットごとにアレンジが違ったりして違いがわかりやすいけれど、大和のプラモデルはすべて同じものをより忠実に作ろうとしているので、完成品写真だけを見ているとキットの特徴がわかりにくいかもしれません。模型店にいくとたくさんの大和が棚に並びすぎていて、内容に詳しくない人だと箱やパーツを見てもさっぱり……なんてことに。そこでここではそれぞれのスケールや製品ごとの違いを簡単に解説してみることにしましょう。

艦船模型の定番スケールといえば1/700。帝国海軍であればほぼすべての艦艇が揃うので並べて楽しめ、ディテールアップパーツも潤沢。うまく作り込めば細密なミニチュアを堪能でき、サクッとストレート組みして艦隊を揃えることもできます。ただし！　1/700はかなりこまかいので、きちんと作りたい場合はかなりこまかい工作作業が要求されます。

そんなちまちましたことできるか!? と言う方はぜひ1/350。巨大戦艦ならではの迫力を70cm超の模型で堪能できます。パーツ数てんこ盛りですが安心のタミヤ製なので初心者もばっちり。70cmはデカすぎて飾れない……という日本特有の住宅事情にお悩みの方は、1/450、1/500という選択肢もあります。このふたつはほぼ同じ大きさは同じ、作り込みたいならフジミ1/500、サクッと完成させたいならハセガワ1/450がオススメ。それぞれの大和はすべて解釈が違いそれぞれの魅力がありますので、ぜひいろいろ作って並べてみてください。並べることでわかることがたくさんあります。

1/700 タミヤ
ベストセラーにしてスタンダード

'98年発売、税込2940円。20年を経ていまだ現役、1/700大和の基準点ともいえるベストセラー。低価格で抜群に組み立てやすく、シルエットはスマートで凛々しい印象。まず初めに大和を作ってみたいと言うなら手放しでオススメできる1/700界のスタンダード的キットで、ディテールアップの素材としても人気が高い。

1/700 フジミ
細密化1/700の起点、特シリーズ

'04年発売、税込2160円。1/700模型のディテール細密化を推し進めたのがこのフジミの特シリーズ。1999年の海底探査で判明した考証が部分的に盛り込まれている。主要年次の仕様から幻の超大和型といった計画艦仕様までバリエーションが潤沢にラインナップされているので、大和をずらりと並べて楽しみたい方にもおすすめだ。

1/700 フジミ 艦NEXT
色分け成型などを盛り込んだ意欲作

'15年発売、税込4104円。大和を製作すると木甲板の塗り分けが必要になってくるが、あらかじめパーツを分割し色分けしておくことで塗らずとも雰囲気良く飾れる、というのが艦NEXT。非艦船モデラーもとっつきやすいよう艦橋や上部構造物をスライド金型で極力一体成形にしてパーツ数を減らすなどの工夫が随所に盛り込まれている。

1/700 トミーテック 技MIX
自走式の変わりダネだけど侮れない

'09年発売、税込2万3760円。「技MIX 地上航行模型 戦艦大和」は自走ギミックを備えた塗装済み半完成品モデルだが、2009年時の最新考証を盛り込んだ内容で、スライド金型を贅沢に使いモールドもシャープで精密感たっぷり。最初からエッチングパーツの組み込みを念頭において設計されていてディテールアップもしやすい構造を採用している。

1/700 アオシマ
アオシマ1/700大和発売の「意味」

'17年発売、税込3780円。アオシマが1/700大和を発売したことによりついにタミヤ、フジミ、ピットロード、そしてアオシマの艦船模型メーカー主要4社から1/700大和が出揃うこととなった。タミヤとピットロードの中間の価格設定でフルハルモデルという狙いどころ。待望の大和が発売されたこその以降のアイテム展開に注目が集まる。

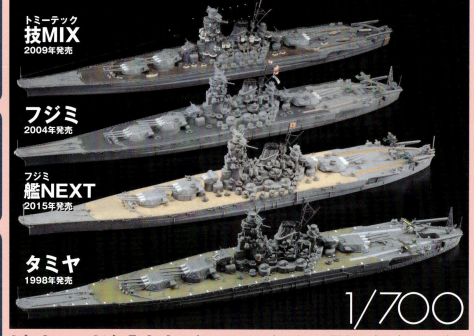

トミーテック 技MIX 2009年発売
フジミ 2004年発売
フジミ 艦NEXT 2015年発売
タミヤ 1998年発売

1/700

ピットロードも入れれば1/700だけで選択肢が6つも！

アオシマ 2017年発売
大和
武蔵

1/350
圧倒的迫力と
安心の組みやすさ
一度は作りたい
フラグシップモデル

1/450
超人気艦だからこそ
手軽に作って飾れる
ほどよさが
むしろ新しい

1/500
「700 or 350」問題
選べないなら
真ん中にすれば
いいじゃない!?

1/700

こんなに刻んで立体化しなくても……と思うかもしれないけれど、それぞれにコンセプトが異なるので選ぶ意味もある。それぞれの特徴をざっくり紹介してみよう

3社の1/350、1/450、1/500
単に大きさが少しずつ違うと思ったら大間違い
それぞれに個性的なスケール違いの大和キット

だいたい1/100刻みでちょっとずつ大きくなるぞ!!

1/450 ハセガワ
2013年発売
税込4860円

ほどよい大きさと組み立てやすさを目指した新機軸

フジミの1/500と対照的なのがハセガワ1/450。こちらは極力パーツを一体化することで低価格と組みやすさを両立。大和は、1/700だと細かすぎて1/350だと飾るには大きすぎるという絶妙な大きさの艦なのだが、ほぼその中間である1/450=全長約60cmという大きさは、単艦でも存在感がありつつ飾りやすいサイズなのだ。

1/500 フジミ
2009年発売
税込1万6200円

1/700トレンドの延長線上にある細密再現指向モデル

近年の1/700艦船模型はディテール細密化がトレンドだが、1/700の難点はとにかくスケールが小さい。こまかく再現したくても小さすぎて限界がある。それならスケールを大きくすれば……というのがこの1/500大和。フジミらしい細密ディテールが満載で、専用ディテールアップパーツを併用すれば見応えのある大和が完成する。

1/350 タミヤ
2011年発売
税込2万4840円

リニューアルされた圧倒的迫力の"フラグシップ"

全長約75cmの圧倒的迫力とシャープなディテール、そして同時に組みやすさをも実現しているのがタミヤの1/350だ。現行の1/350は、'70年代に発売され長い間名作として親しまれてきた旧キットからリニューアルされたもの。すべて新金型の1500を超えるパーツ数が生む偉容、エッチングパーツ同梱の仕様、砲塔内再現など、まさにフラグシップの名に相応しい内容で、大和好きなら一度は作ってみたい大作だ。

1/1200 こんな大和のプラモデルもあったね

●ズベズダのパッケージの1/1200大和は、オンライン海戦ストラテジー『World of Warships』ボーナスコード付コラボレーションキット（限定販売）。大和本体は古いキツレベルのものなので出来は推して知るべしご覧のとおりだが、ここまでアバウトでも大和に見える……大和の個性ってすごいのだ

ピットロード
1/700 大和最終時（完成品）

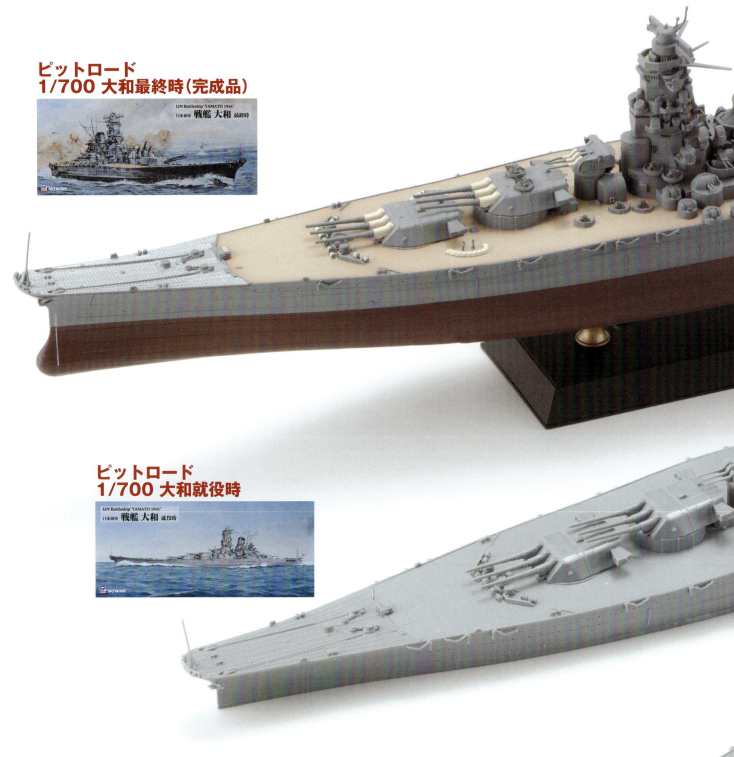

ピットロード
1/700 大和就役時

ピットロード
1/700 武蔵 レイテ沖海戦時

●武蔵のレイテ沖海戦時（最終時）は、中央構造物側方の機銃が大和より少ないのが最大の特徴で、大和では高角砲のところが25㎜機銃になっている。また、武蔵は艦橋後部が大和とは異なっておりキットではそこも再現される
●大和の就航時は、中央構造物側方に対空機銃ではなく副砲を装備している。太平洋戦争後期に追加された甲板上の対空機銃がなくシンプルでスマートな艦影だ

●ピットロードからは未塗装組み立てプラモデルのほかに、塗装組み立て済み完成品、塗装済みキットの大和最終時も販売された。製作に自信がなかったり時間に余裕がないならそちらを選ぶのもよいだろう。キットが持つ精密なディテールを最大限に活かしたいならば、自分で組み立てて塗装して仕上げるのがおすすめ。ストレートに組むなら初心者にもおすすめできるクオリティーのキットとなっている

きちんと作り分けられているからこそ並べたい!

●考証再現、ディテール作り込みなど1/700艦船模型の楽しみ方はいろいろとありますが、なんといっても並べて眺めるのは楽しい! そして並べて眺めるなら同型艦や年次違いがきちんと再現されているほうがその楽しみはより深くなります。そういう意味ではピットロードの1/700大和型は並べて楽しむのに最高の題材。徹底的に考証されることで生み出された大和最期時の緻密な模型再現は、同型艦武蔵や年次違いの大和の再現にも活かされています。違いがわかるからこそ並べたくなる、それがピットロードの1/700大和型です

「1/700 戦艦大和 最終時」のキットだけを見てもすごい作り込みのピットロード製大和だが、キットを開発するために成された広範な考証は同型艦武蔵や年次違いの大和のバリエーションキットにもいかんなく盛り込まれている。同型艦や年次違いのこまかな差異には目をつぶることが多い艦船模型において、ここまで作り分けられたバリエーション展開は稀有な事例と言えるだろう。ここまで作り分けられているからこそ、ぜひバリエーションを並べて鑑賞してみてほしい。

細部まで徹底的に作り分けられた
1/700大和型バリエーションを楽しむ

ピットロード 1/700 大和型バリエーション
#01 大和最終時(完成品)

'18年12月発売。税込2万1384円。'17年12月に発売されたプラモデルの塗装済み完成品バージョン。形状、ディテール、付属パーツなどはキット版と同様。ブリスター入りで、航空機、航空機架台、旗は本体に固定されずに別途付属するので選択して取り付けできる。主砲や艦橋上の測距儀は固定されず回るようになっている。

◀近年の新考証のひとつである艦首艦尾甲板色。キットの指定色はシルバーとなっているが、完成品の甲板もシルバーに塗装されている

▼艦載機の零式観測機、零式水上偵察機は組み立て塗装済み。歩行帯などはタンポ印刷で非常に繊細かつきれいな仕上がりになっている

「塗装が……」という人にはこんな選択肢もあります

●ピットロードの1/700戦艦大和最終時はパーツの塗装だけを施した「塗装済みプラモデル」も発売されている('18年12月発売 税込1万4904円)。手間がかかる甲板の塗り分けもあらかじめきれいにされているので、サクッと組んで大和の勇姿を楽しむことが可能。そのまま組むだけでなく、別途塗装した別売り純正アフターパーツを追加してみる、といった楽しみ方などもアリだろう

完成品

▲リノリウム張りの床部分はきちんと塗り分けされている。艦体の木甲板は間延びしないようにグラデーション塗装が施されており、色味も自然な雰囲気

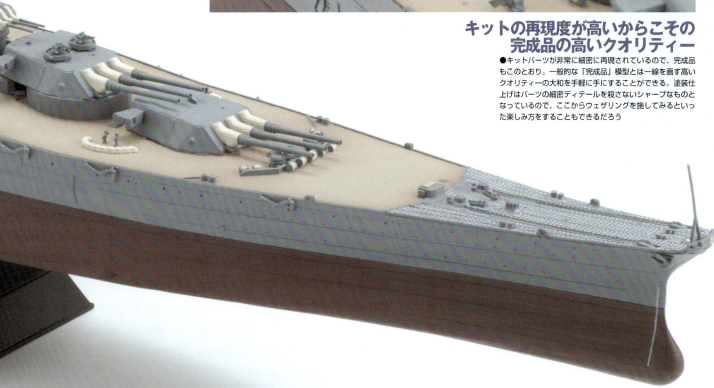

キットの再現度が高いからこその 完成品の高いクオリティー

●キットパーツが非常に細密に再現されているので、完成品もこのとおり。一般的な「完成品」模型とは一線を画す高いクオリティーの大和を手軽に手にすることができる。塗装仕上げはパーツの細密ディテールを殺さないシャープなものとなっているので、ここからウェザリングを施してみるといった楽しみ方をすることもできるだろう

バリエーションキット

武蔵レイテ沖海戦時　　**大和 最終時**

土嚢も新規設計パーツで再現されています

●武蔵で高角砲の代わりに25㎜機銃が搭載されているところは土嚢が置かれていたようだが、その土嚢もパーツが付属する。大和とは異なる覆い付き25㎜機銃の配置も再現可能。 武蔵はマストの根元に小部屋があったとの証言から 大和とは別パーツが用意されている

ピットロード 1/700 大和型バリエーション
#02 武蔵レイテ沖海戦時

'18年4月発売。税込6696円。新規ランナーを追加することでレイテ沖海戦時の戦艦武蔵を再現するキット。大和最終時を開発する時点ですでに武蔵のキット化を視野に入れており、最小限の追加新規パーツで武蔵の特徴をきちんと再現できるように考えられている。なお武蔵は就役時のキットも発売が告知されている。

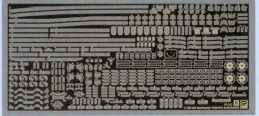

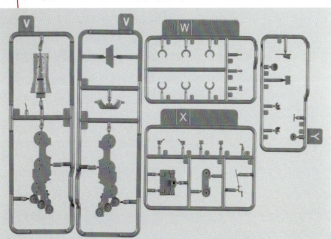

甲板シートで「黒甲板」を再現

●武蔵用の純正グレードアップパーツも発売中（税込9480円）2枚で構成されるエッチングパーツと真鍮挽き物製砲身パーツは大和の純正グレードアップパーツと同様のものがセット。カット済みの甲板シートは、この時期の武蔵の特徴である「黒甲板」を再現するものが付属。大和用と同様の純正専用設計パーツなので、的確にディテールアップできパーツにも合わせやすい

●艦尾クレーンは、就役時の大和と異なり先すぼまりなやぐら形状を再現。艦載機、艦載艇収納庫は大和に準じて内部まで作り込まれた仕様になっている

ここまでちゃんと再現された武蔵のキット発売は画期的！

▶1/700艦船模型ではネームシップの再現だけに重点が置かれることが多く、同型艦のキットが発売されても細部の差異は再現されていないことが多い。そんななか、ピットロードの1/700武蔵は大和との差異を現できうる限り再現している。わかりやすいのは艦中央部の対空砲／機銃配置だが、もっとも注目してほしいのは艦橋後面のこまかなディテールだ。ラッタルの配置、張り出しの形状、水密トビラの位置と数、艦橋と別体になった兵員待機所などが考証に基づいて大和と異なる形状で再現されている。大和ではなく武蔵を作るならこのキットは絶対に要チェック！

武蔵レイテ沖海戦時　大和 最終時

バリエーションキット

大和就役時

大和 最終時

すっきりとした艦影の"大和本来の姿"を楽しむ

●4基の副砲を装備した、「戦艦としての本来の姿の大和」を楽しみなら就役時を作ろう。機銃が多数増設される以前の、大和ならではの洗練された戦艦の機能美を堪能することができる。基本構成は最終時と同様なので、組みやすく再現度が高いところは同じだ

ピットロード 1/700 大和型バリエーション
#03 大和就役時

'18年12月発売。税込6696円。武蔵レイテ沖海戦時に続いて発売された大和の年次違いバリエーションキット。艦体中央両舷に副砲が装備された就役時の姿を再現しており、副砲の配置だけでなく、艦橋構造、舷側、マストなどこまかにディテールを変更している。大和はレイテ沖海戦時のキット発売も予定されている

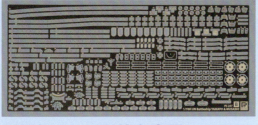

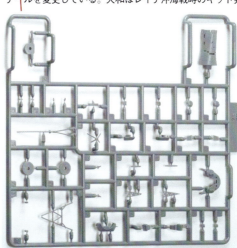

◀新設計の追加パーツランナー。艦橋後部、艦橋測距儀、マストなどが変更されている

甲板シートの形状を変更
●就役時用の純正グレードアップパーツセットも販売中（税込9180円）。武蔵用グレードアップパーツセットと同様に、2枚で構成されるエッチングパーツと真鍮挽き物製砲身パーツは大和の純正グレードアップパーツと同じものがセットされ、甲板シートが専用形状のものに変更されている。甲板シートはカット済みなので剥がして貼るだけで木甲板を再現できる

●就役時ということで、最終時には撤去されていた後部クレーンのやぐらを再現。後部甲板も機銃類が増設されていないすっきりとした姿だ

就役時と最終時では異なる形状を徹底的に再現

●大和の就役時と最終時では副砲の撤去、そして高角砲と機銃の数の増加が大きな違いだが、細部の形状もいろいろと変わっている。ピットロードの1/700大和型バリエーションで注目いただきたいのは艦橋のディテールの変更で、目立つところでは兵員待機所の有無や後部張り出し形状の違いから、ラッタル形状、電波探信儀などの小艤装類の位置や有無に到るまで緻密に作り分けられるようになっている
●測距儀は新規パーツで扉が開いた状態を再現。中には測距儀のモールドも入っている。艦橋基部は新設計の専用パーツとなり、舷窓、ベンチレーター等、資料から判明した部分の考証がすべて盛り込まれている
●5,6番高角砲下の吸気口は、図面に残されたラフなアウトラインおよび集合写真の背後に写っている写真から形状を割り出したもので、この部分がここまで再現されたのはおそらく初めてだろう

大和就役時　　大和 最終時

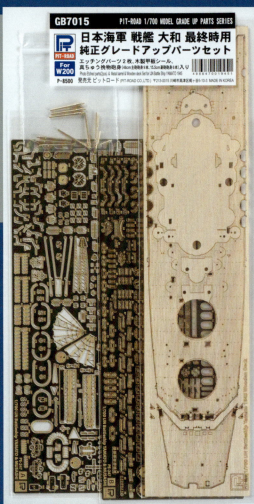

ピットロード1/700大和を作るならコレはマスト！
完全専用設計で組みやすい純正パーツをチェック！

キットのままストレートに組んでもかなり再現度が高いピットロード製1/700大和ですが、純正グレードアップパーツセットを使えばさらに作り込むことが可能。プラスチックパーツでは再現が難しい手すりや射角制限装置などがセットされているので使ってみよう。

●ピットロード 1/700「日本海軍 戦艦 大和 最終時用 純正グレードアップパーツセット」税込9095円。2枚のエッチングパーツ、木甲板シート、金属挽き物砲身がセットされた専用設計の純正ディテールアップパーツセット。これだけあればほかは要らないほど行き届いた内容のセットなので、これでディテールをグレードアップしよう！

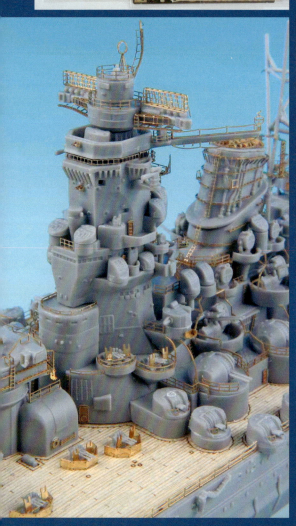

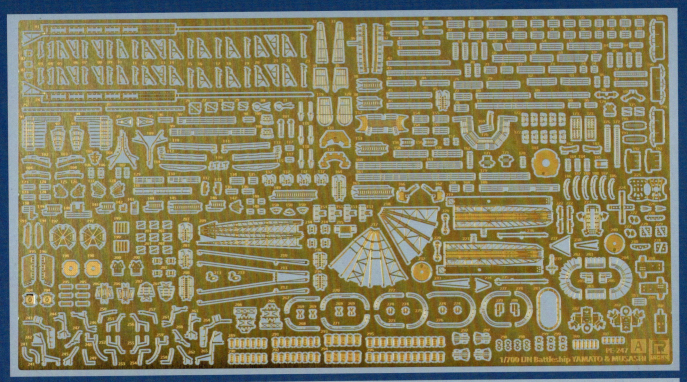

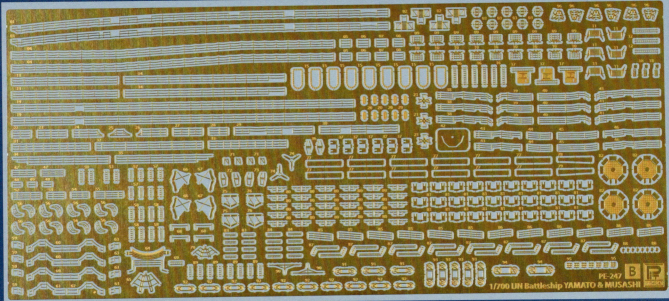

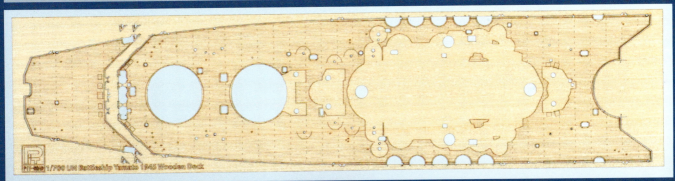

エッチングパーツ、金属砲身、甲板シートのセット

●エッチングパーツは、手すりや電探、カタパルトはもちろんのこと、高角砲の射界制限装置（高角砲の周囲にある棒状のディテール）などまでパーツ化。プラスチック製パーツでは再現が難しいところを補うような構成になっている。専用設計なので、手すりや窓枠、ラッタルがキットパーツの寸法にぴったり。エッチングパーツ初心者にもおすすめできるアフターパーツだ

●木甲板シートを使えばマスキングをすることなく木甲板部分を塗り分けることができる。あらかじめノリがついているので剥がして貼るだけ。お手軽に使用できる。こちらも専用設計ということで凸モールドをぴったりと避けるようになっている

●金属挽き物砲身は主砲と副砲用のパーツが付属。キットのプラスチック製主砲身パーツはスライド金型により砲口があらかじめ開口されているが、金属挽き物砲身を使うと、精度が上がるのはもちろんパーティングラインの処理をしなくてよくなる。ここだけでも使いたくなるパーツだ

41

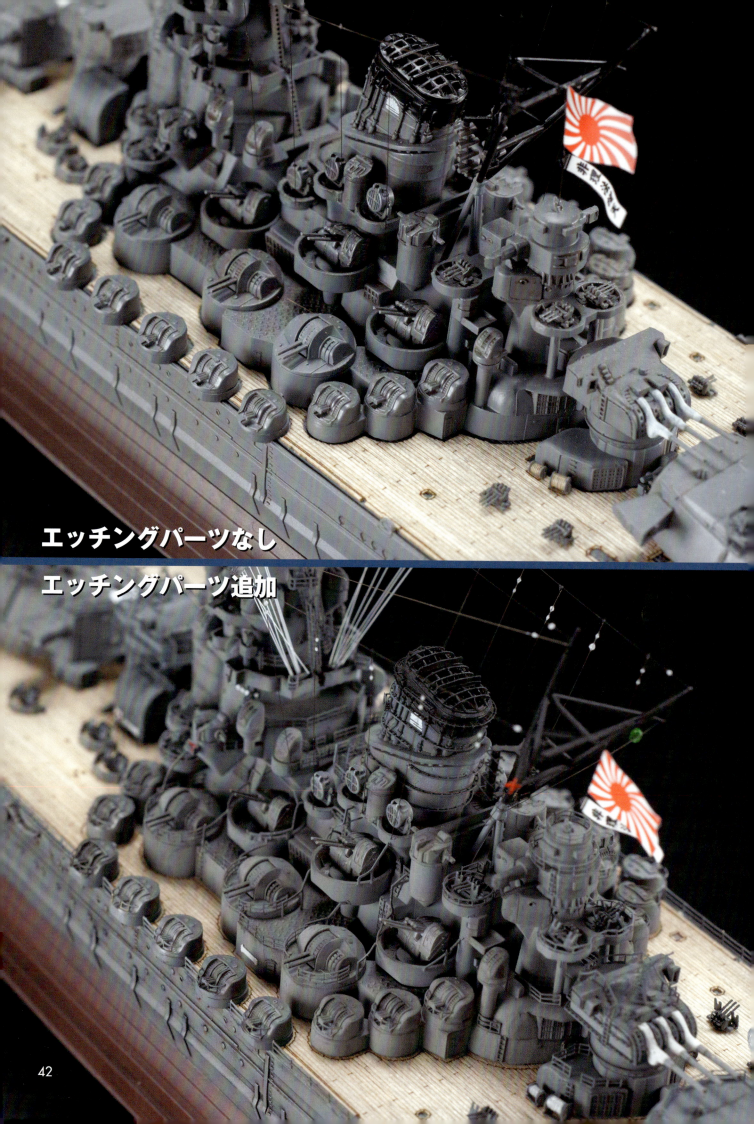

エッチングパーツなし

エッチングパーツ追加

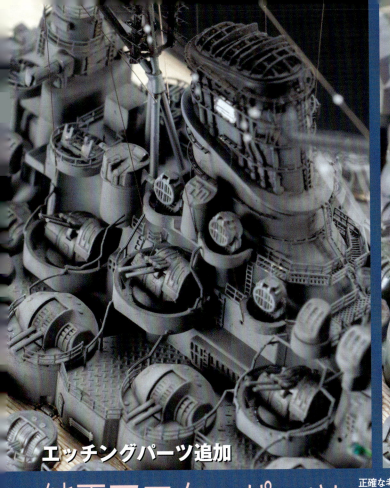

エッチングパーツ追加

エッチングパーツなし

純正アフターパーツを使えばここまで大和を作り込める!!

正確な考証と緻密なディテールの完成品は見る者を魅了するが、1/700の細密再現完成品はひと昔前なら達人中の達人だけが手にすることができるものだった。しかしこの大和の完成品を見ていただきたい。たしかに製作しているのは艦船模型の達人ではあるが、使用しているのはプラモデルとその純正アフターパーツ、そして張り線用金属テグスだけで、いわゆる改造はいっさい施さずキットとアフターパーツをそのまま作ってこのクオリティーにできる。もはやこれ以上の再現は必要ないのではないかと思えるほどの再現度の大和をついに無改造で手にすることができるようになった。

これが実現したのはピットロード製1/700大和の再現度の高さと組みやすい設計のみならず、専用に設計されることで的確にディテールを細密化できるアフターパーツの存在が大きい。エッチングパーツがごく一部の限られた達人だけが使いこなせる素材だったのはいまや昔、このアフターパーツはぜひ試してみてほしい。

エッチングパーツ追加

エッチングパーツなし

市販パーツをそのまま使うだけで超精密に！
ピットロード戦艦 大和 最終時

最新考証超精密1/700戦艦大和プラモデルの作り方

無改造＋アフターパーツだけで作る1/700大和 全工程

製作・解説／Takumi明春（プロフィニッシャー）

緻密な考証に基づいたフォルム、ディテール再現で、モールドもかなりこまかいピットロード製1/700大和。ストレートに組み上げるだけなら難しくありませんが、せっかく作るなら純正グレードアップパーツセットのエッチングパーツも使ってみたくなります。そこで、エッチングパーツを使って作るときの製作手順とポイント、コツを工程順に詳しく解説していきます。

キット＋純正アフターパーツで製作

ここで製作するのはピットロード 1/700大和の最終時、同時に純正グレードアップパーツを使います。エッチングパーツを使用する際は組み立て手順をよく考えないと作業しにくくなることがあるので記事を参考にしてください。

▶ピットロード純正パーツに合わせて、モデルカステンの金属線メタルリギング0.15号（税込1944円）を使って張り線を追加することにします。張り線追加の効果は絶大、完成品の見映えを一気に上げられます

＋α工作としてメタルリギングで張り線を追加

主砲／副砲

戦艦が戦艦たる所以、主／副砲をディテールアップ

本体は構造や工作手順が複雑なところが多いので、まずは手慣らしに艤装から作業してみましょう。エッチングパーツをきれいに取り付けるいちばんのコツは、極力接着剤を少なめにしておくことです。

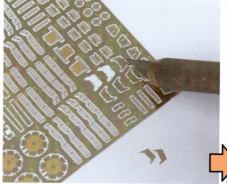

▲エッチングパーツはナイフで切り出しますが、塗装後に切り離した方が作業しやすいところもあるので、はじめに全部一気に切り出すのはやめましょう

▲ディテールをエッチングパーツにするところは、プラスチックパーツのモールドをそぎ落としておきます。削りすぎないように注意しましょう

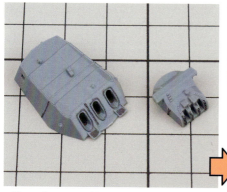

▲誤ってディテールを削ってしまわないように、あらかじめ説明書をよく見てエッチングパーツにするところにチェックを入れておくのがおすすめです

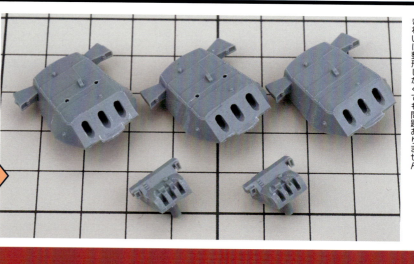

◀置き換える部分のディテールを削り落としたところ。上にエッチングパーツを接着するのでそれほどきれいに整形しなくても問題ありません

工具選びのポイントは接着剤 硬化する速さで使い分けよう

　ストレートに組み上げるのであれば、最低限必要な工具は、ニッパー、ナイフ、ピンセット、紙ヤスリ、接着剤、デカール軟化剤。ニッパーはプラ用の薄刃で切れ味が良いものを、ピンセットはしっかり剛性があり合わせのよいものを選びましょう。ポイントは接着剤で、接着するところの形状や素材に合わせて、プラ用と瞬間接着剤を速乾と高粘度それぞれ揃えておきます。プラ用接着剤は中くらいの硬化速度／粘度のものもあると便利。

●瞬間接着剤は速乾のものと高粘度のものを用意し、高粘度のもので位置決めをしてから低粘度の速乾を極少量流し込んで補強するようにするときれいに仕上げやすいです。プラ用接着剤は、パーツ同士を合わせてから流し込めるところは低粘度の速乾を、位置の微調整が必要なところには粘度が高いものをと使い分けます。パーツの大きさや形状などによりどちらでも作業しにくい場合は中くらいの粘度のものを使おう。デカール軟化剤はのり入りにします

▲砲身を金属挽き物製パーツに置き換えるので、切れ味がよい薄刃ニッパーで砲身部分を切り取ります。切りすぎてしまわないように注意します

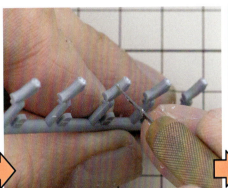

▲砲身根元のキャンバス部にあるパーティングラインはナイフのカンナがけで整形。ここは結構目立つのでしっかり段差を消しておきましょう

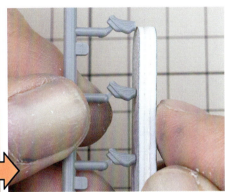

▲断面部を紙ヤスリで整形します。このようにランナーがついたまま整形すると位置が揃えられるので、砲身をつけたときに位置がちぐはぐになりません

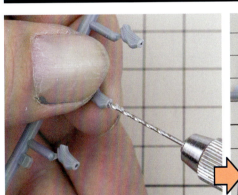

▲ドリルで取り付け用の穴を開けます。穴がずれると砲身の高さが不揃いになったりするので、針や細いドリルで下穴を開けるようにして位置合わせをします

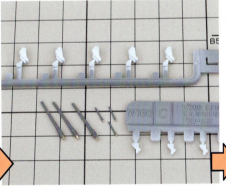

▲副砲砲身も同様に工作します。小さいパーツは持ち手がつけにくいので、プラパーツはランナーに付いたまま塗装まで済ませてしまうようにしました

▲基本塗装を終えた金属砲身パーツとキャンバス部を組み合わせます。小さめの穴に無理に差すとあとで割れることがあるので、きつければ穴を調整します

▲砲操作台を砲身に取り付けます。先に折り曲げ、中央のパーツから順に接着。少量の高粘度瞬間接着剤を点付けし、ずれないよう注意します

▲砲身を砲塔に取り付けたときに左右の手すり部が斜めにならないように位置を調整しておきます。

▲照準演習装置を取り付けます。これは3連装の外側の2本のみに内側向きに斜めに付きます。

▲キャンバス押さえのところのエッチングパーツを接着します。こういった接着面が広い板状のエッチングパーツはプラ用流し込み接着剤でも取り付けられます

▲扉やラッタルなどのディテールパーツを取り付けていきます。ラッタルなど接着面が狭いパーツは、高粘度瞬間接着剤で位置決めし低粘度瞬間接着剤で補強

▲主砲塔上に追加された機銃台座の工作。折り曲げてからヤスリでバリを処理すると簡単にきれいに仕上がります(写真はGSIクレオスのMr.ポリッシャーPRO)

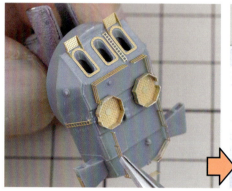
▲砲塔上の手すりを取りつけます。接着面積が狭い手すりパーツは工作中に触って取れてしまいやすいので、基本的に最後に接着していくのがセオリーです

▲副砲前面のラッタルは、砲塔形状に合わせて湾曲しています。エッチングパーツはそのままでは平らなので、ドリル刃の柄などで転がすようにして丸めます

▲使用する棒の直径が細いほうが曲率がきつくなります。パーツに合わせてみながらちょうどよい曲がり具合になるまで調整するようにします

▲エッチングパーツをきれいに取り付けるには、あらかじめぴったりと合うように曲げておくのがとても重要。形状が合っていれば接着も簡単になります

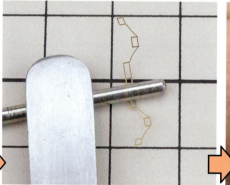
▲副砲上の手すりの工作。ここは上から見たときに部分的に曲線になるので、曲げ方にちょっと注意が必要。まずは曲線部分を先に曲げておきます

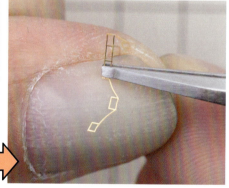
▲曲線部分がパーツに合う曲率に曲げられたら、直線部分との境のところで折り曲げます。先にここを折り曲げてしまうと曲線部分が整えにくくなります

エッチングパーツの接着は瞬間接着剤2段階で！

瞬間接着剤は異素材同士でも接着でき硬化時間が短いのがよいところですが、はみ出しが目立ちやすく、失敗するとリカバリーが大変。そこで、エッチングパーツの接着は高粘度/遅硬化と低粘度/速硬化を組み合わせることでメリットを活かしデメリットを抑えます。

やり方は単純で、位置決めでは高粘度/遅硬化を使い、位置が決まったら必要に応じて低粘度/速硬化を極少量流し込みます。こうすることで位置決めしやすく頑丈に接着できます。

▼はじめはエッチングパーツにごく少量の高粘度瞬間接着剤を点付けし、慎重にプラスチックパーツに取り付けて位置合わせをします

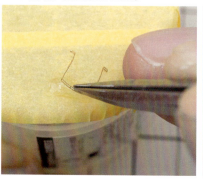

▼位置が決まったら、伸ばしランナーなどの「接着棒」に極少量の低粘度流し込み用瞬間接着剤をつけて流し込んで補強。流しすぎないように注意します

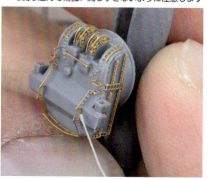

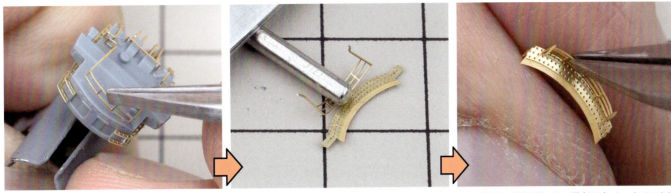

▲こういう複雑な形状の手すりのところは、とにかく仮合わせをしっかりと行なうようにして、接着前に形状が合うようにしておくようにします

▲副砲後方の足場のエッチングパーツは、床面と手すりが一体になっています。こういうところは先に手すりを丸めてから折り曲げて立てるようにします

▲手すりの曲率が合わない場合はピンセットでつまんで微調整。調整を繰り返すと汚くなるので、なるべく少ない回数の曲げで合わせるようにします

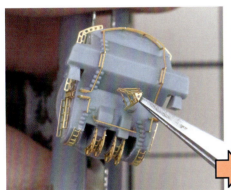
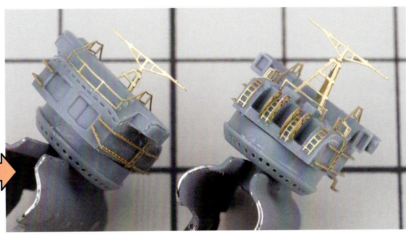

▲手すりや足場などのディテールを接着したら最後に櫓を取り付けます。先に取り付けないと作業できない箇所以外は、壊れやすいところは最後にします

◀副砲のディテールアップが終わりました。副砲は意外と目立つ工作ポイントですが、専用パーツなので難なくここまでディテールアップすることができました

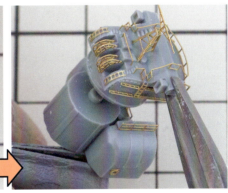

▲副砲基部の工作。ここもまずエッチングパーツに置き換える箇所のモールドを削ります。こういう作業では切れ味が良いナイフ刃を使うようにしましょう

▲扉やフロートなどを取り付けてから手すりを取り付けていきます。ここは直線で短い手すりばかりなので簡単。手すりは斜めに傾かないように注意します

▲基部と副砲を接着します。張り線をしないなら接着せず完成後も回転するようにしておいてもよいですが、張り線をする場合は固定しておくようにします

こまかいパーツが多い1/700艦船なので……

1/700艦船模型はこまかいパーツが多いですが、エッチングパーツを使ってディテールアップするときは、工作をしやすく、そして工作後にせっかく工作したパーツを壊してしまわないようにする工夫が必要です。小艤装パーツは持ち手を付けたり何かに貼り付けたりすると作業がしやすくなります。また、工作後のパーツを安全に置いておく場所も確保しましょう。

▼パーツを直接手に持って作業していると、小さいパーツでは一回取り付けたディテールパーツを指で壊してしまうことがあるので持ち手を付けます

▼別々に塗装した方がよい手法や艤装類は、工作後に置いておくための箱などを用意しましょう。写真の様なお菓子の缶などを使うと頑丈で安心です

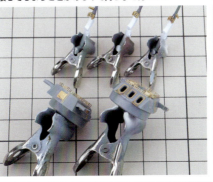

25mm機銃と12.7cm高角砲

対空火器は数が多いのでまとめて効率的に

最終時の大和は針ネズミのように艦を覆った対空武装が魅力のひとつ。多数の艤装類を工作することになりますので効率的に進めていきましょう。

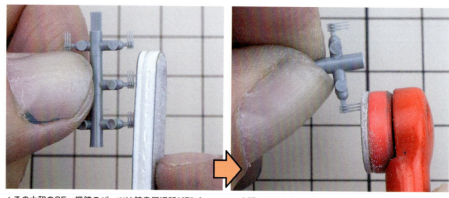

▲この大和の25mm機銃のパーツは銃身周辺部が別パーツ。先にひとつずつ切り出さず、ランナーについたままパーティングラインを処理しておきます

▲肉眼ではわかりにくいですが、銃口部にもパーティングラインがあり、小さなバリがあることもあるので、軽くヤスって整えておきます

▲整形を終えたら切れ味のよいプラ用薄刃ニッパーを使い、一発でギリギリのところをきれいに切り出します。ゲート部分のヤスリでの整形は省きます

▲小さいパーツはパーツ同士を接着しにくいので、マスキングテープをのり面を上にして台に貼り付けたものにパーツを貼って工作や塗装を進めていきます

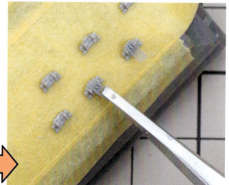

▲先に粘度が高めのプラ用接着剤を接着部に少量塗り、そこに銃身部を慎重にのせて位置決め。砲身の向きが不揃いにならないように揃えておきます

▲位置決めしたらプラ用超速乾流し込み接着剤(Mr.セメントSなど)を極少量塗って補強。手間なようですが、2段階接着だと手早く確実、かつきれいに接着できます

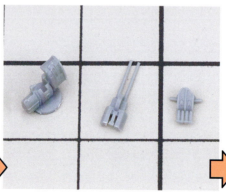

▲この大和の12.7cm高角砲は3パーツ構成。まずランナーから切り出して、ゲート跡とパーティングラインを整形処理しておくようにします

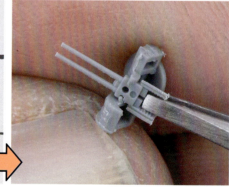

▲基部に砲身部を組みつけます。砲身側の凹部と本体側の凸部が合うようになっていますので、よく見て位置がずれないように組み合わせます

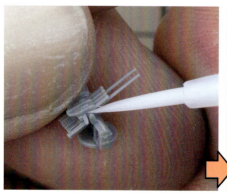

▲砲身の角度を決めてMr.セメントSで固定してから、上部カバーパーツを取り付け。位置合わせをしてからMr.セメントSを少量流し込んで固定します

▶高角砲と機銃の工作完了。こうやって貼り付けておくと数の確認がしやすいのもよいところ。あとになって数が足りないことが判明するとモチベーションが下がりますのでしっかり数えておきましょう

その他の小艤装類

細部の作り込みが見映えを大きく左右する

小艤装パーツもエッチングパーツ使用の効果が大きいところ。ていねいな作業を心がけてひとつひとつの艤装をていねいに仕上げていくことで、完成後の見映えが確かに変わってきます。

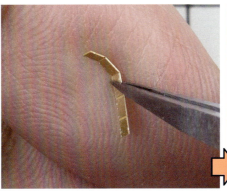

▲甲板上に増設された機銃ブルワークはエッチングパーツにすると効果が大きい箇所。新考証に基づいた10角形を半分にした形状を再現できます

▲ここはきれいに曲げるためのガイドが付属していますので、それに合わせながらていねいに曲げていきます。あまり折り返すと破断するので注意しましょう

▲覆付き25㎜機銃用の手すりパーツ。上から見たときに円形になるように曲げておきます。非常に小さいパーツなので飛ばしてなくさないよう要注意

▲覆付き25㎜機銃はスライド金型にすることで側面のディテールもモールドされています。スライド部分にはパーティングラインがあるので整形しておきます

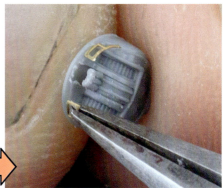

▲先に曲げておいた手すりパーツを接着していきます。接着剤をつける前に一回合わせてみて、合わないようなら曲率を修整してから接着に進みます

▲リールのパーツは外側に台座のエッチングパーツを追加しますが、側面は先に削って、ロープ部分だけが残り平らになるようにしておきます

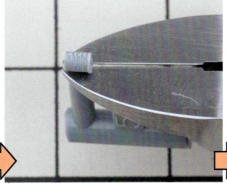

▲ここもランナーに付いた状態で先に整形をしてからゲートを薄刃ニッパーで切ります。小さくて指で持っての整形が難しいパーツはこの手順がおすすめです

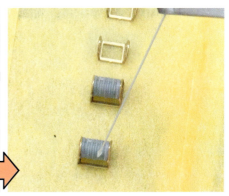

▲折り曲げたエッチングパーツの台座枠に整形したロープ部分のパーツを合わせ接着します。瞬間接着剤を流し込むときはロープ部分に流れないよう注意します

▲艦尾の八角形の機銃台座を組み立てます。ここはちょっと複雑なので、組み立て説明書の組み立て順をよく見てひとつずつていねいに接着していきます

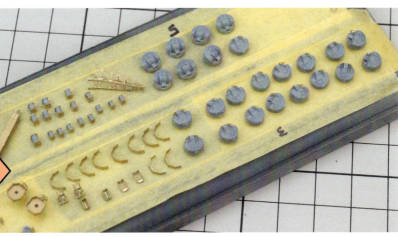

▶小艤装類も組み立てが終わったらテープを貼った台に貼り付けておきます。挟むところがない小さなパーツは台に貼り付けたまま基本塗装に進みます

艦体の工作

隠し穴の工作は
とくに要注意です

ピットロードの1/700大和型は、武蔵や年次違いを再現するために取り付け穴が「隠し穴」になっていて自分で開口するようになっています。間違えたり忘れないように注意しましょう。

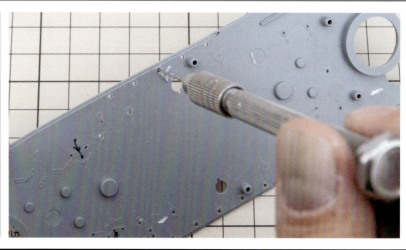

▲バリエーション展開のために、機銃などの取り付け用ダボ穴は位置がパーツ裏側にモールドされていて、自分でドリルで開口するようになっています。説明書の指示をよく見て間違えないように穴を開けておきましょう

▲甲板パーツの裏には突き出した不要部分があります。写真の後端側の突起は干渉する場合があるので、あらかじめニッパーで切って平らにしておきます

▲甲板後方のボラードを取り付けるところも自分で削るようになっています。裏側に凹みがあるのでそれに合わせナイフで切れ込みを入れるようにして削ります

▲組み立て説明書の指示どおり甲板上の不要な凸モールドを削除します。切れ味のよいプラ用薄刃ニッパーでていねいに作業すれば一発で切り取れます

▲艦尾舷側パーツA5、A6の斜めの棒状のパーツはエッチングパーツのラッタルに置き換えるので削ります。周辺のディテールを損なわないよう慎重に作業します

▲艦尾側甲板パーツを接着しますが、先に隠し穴を開口しておくのを忘れずに。艦体の大きめのパーツは一度仮組みして合わせを確認してから接着に進みます

▲艦載機格納庫壁面にある棒状の凸モールドもエッチングパーツのラッタルに置き換えるので削ります。ナイフでも削れますが平刃彫刻刀があると便利です

▲艦体上側と艦艇パーツを接着。合いは良かったので、手でしっかりと押さえてMr.セメントSを表側から少量ずつ塗って隙間ができないよう接着していきます

▲艦底パーツもスライド金型なので、表面のパーティングラインを整形しておきます。ナイフのカンナがけで、部分的に平らにならないよう注意して削ります

▲艦底パーツは外板の段差や給排水孔まで再現されています。前後にふたつ不要と思われる小さな突起があるので切り取って平らにしました

隙間ができてもパテを使わないことできれいに仕上がります

プラモデルの製作では、パーツの合わせ目に隙間ができたらパテで埋める工作がよく行なわれますが、1/700艦船模型はこまかいディテールがびっしりとあるので、パテを使うと硬化後の切削作業でディテールを損なってしまいやすいです。そこでおすすめなのが薄いプラ板（プラペーパー）を隙間に詰め込む方法。これなら周囲のディテールを気にせず作業できます。

▼パーツの合わせ目に隙間ができたところにプラペーパーを挿し込みます。先に合わせて切り出さず、ちょっと大きめの状態で挿し込むようにします

▼挿し込んだらプラ用速乾流し込み接着剤で接着します。接着剤が硬化したらよく切れる刃のニッパーやナイフで余分なところを切れば、このとおり隙間が埋まります

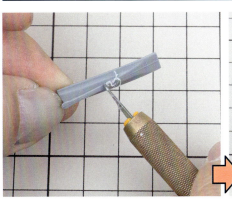

▲ピットロードの1/700大和は艦尾のスクリュー周辺もこまかに作り込まれています。パーツごとにパーティングラインやゲート跡を整形して組み立てます

▲艦尾の舵、スクリュー周辺を組み立てました。スクリューは塗り分けやすいように、整形しても艦体に組み付けないようにしておきます

▲艦体パーツに甲板パーツを組み付けます。ここは隙間ができやすい箇所なので、接着前に仮合わせをして、干渉して隙間ができているところがないか確認します

▲ピットロードの1/700大和は艦体パーツをスライド金型にすることで舷側のフェアリーダーも再現していますが穴が埋まっているのでドリルで開口しました

▲艦首側の別パーツ化されているフェアリーダーも穴を開けてディテールアップ。ランナーについたまま開口すると作業がしやすいです

▲甲板上に取り付けるパーツを接着。写真は波切り板後方の通風塔ですが、あらかじめゲート跡をきれいに整形してからプラ用高粘度接着剤で取り付けます

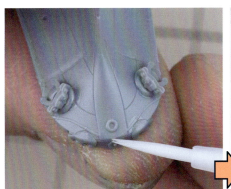

▲艦首フェアリーダー周辺の分割されたパーツを接着。隙間ができないようによく合わせてから、プラ用流し込み接着剤を少量流してきれいに仕上げます

▲甲板パーツを切り欠いておいたところにボラードのパーツを接着します。写真のように木甲板面から一段上がったようになるのが正しい位置です

▲舷窓はモールドで再現されていますが、塗装後の見映えをよくするためにドリルで穴を深くしておきます。モーターツールを使うと楽にきれいに仕上がります

艦尾の工作

大和の艦尾はディテールアップの見せ場

爆風を避けるために甲板下に艦載艇格納庫を配置している大和ですが、この部分はエッチングパーツでディテールアップをするととても見映えがします。工作は少々難しめですがぜひやってみましょう。

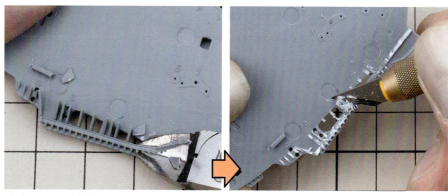

▲ほかのエッチングパーツに置き換える箇所同様に、まずプラスチックパーツのモールドを削除します。ここでは、まずニッパーで大まかにモールドを切ります

▲大まかに凸モールドを切ったあと、ナイフでさらにモールドを削っていきます。完全に平らになる直前くらいまでていねいに削っていきましょう

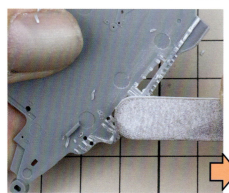
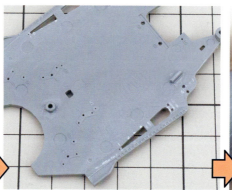

▲凸部が少し残っているくらいのところでナイフで削るのをやめて、400番〜600番の紙ヤスリで整形します。削りすぎないようにしましょう

▲このようにフチの所以外が平らになったら削るのを止めます。削り過ぎてしまうと艦体パーツとの間に隙間ができるので注意しましょう

▲フチの凸凹になっているところの凸部をナイフで削り、フチが一段落ちているような状態にします。ナイフの刃を直角に押しつけるようにして削っています

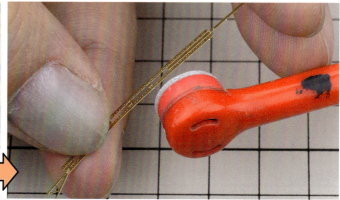

▲置き換えるエッチングパーツのケタ部分を切り出します。ここは順番を間違えると組めなくなるので順に貼り付けておき間違えないようにしています

▲レール部分のパーツを切り出しゲート処理をします。こういう細くて薄いパーツはMr.ポリッシャーPROを使って整形するとパーツを不要に曲げにくいです

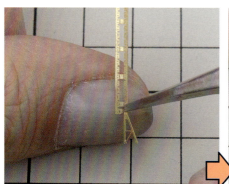

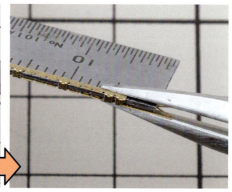

▲レールのパーツは細長いので、一気に曲げようとせず繋がっているところで少しずつ曲げて行きます。小さいパーツはツメの上で曲げると作業しやすいです

▲全体の形が崩れないように少しずつ曲げて形を整えていきます。折り返すと破断しやすいので、なるべく折り返さないようにしましょう

▲直角を出すために定規を治具にします。パーツで定規を挟んで押さえることで、角が直角な「コの字」状の断面になるように形を整えます

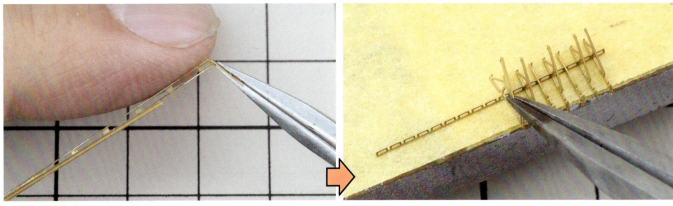

▲全体をきれいな「コの字」状に折れたら、端を折り曲げていきます。曲げる角度は甲板パーツに合わせて確認しながら決めていきます

▲粘着面を上にしたテープの上でまっすぐな骨組みに、先に切り出して整形しておいたケタのパーツを挿し込んでいきます。順番を間違えないよう要注意

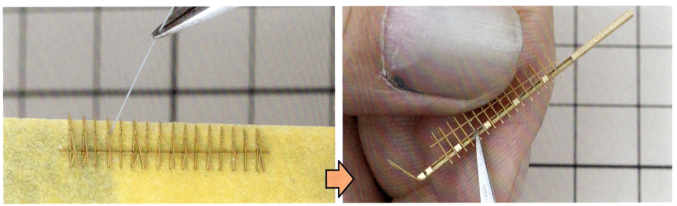

▲ケタパーツをすべて順番どおりに並べて角度を調整したら、低粘度流し込み用瞬間接着剤で接着します。接着棒を使い極少量ずつ流し込みましょう

▲折り曲げておいたレールのパーツに接着したケタのパーツを組み付けます。レール側の凹みに挿し込むようになっているので位置に注意して組みます

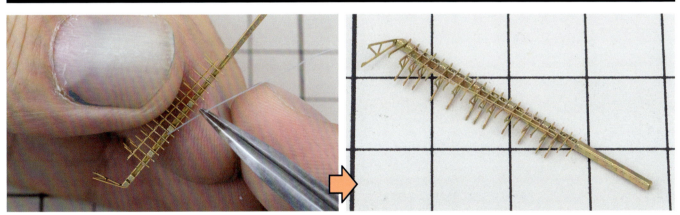

▲組み立て説明書をよく見て所定の位置に納まったことが確認できたら、低粘度流し込み用瞬間接着剤を少量流し込んで固定します

▲過去にこの部分の他社製エッチングパーツをいくつも組みましたが、このパーツはかなり組み立てやすい構造で比較的あっさり組み上がりました

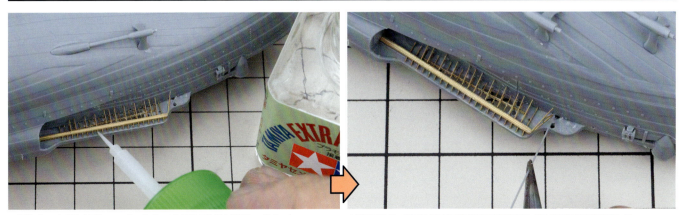

▲艦体パーツに組み上げたエッチングパーツを収めて位置を確認し、決まったら中粘度のプラ用流し込み接着剤を流し込んで固定します

▲補強のため、端のところなど部分的に低粘度流し込み用瞬間接着剤を流し込んでおくようにします。流し込むときは接着棒を使います

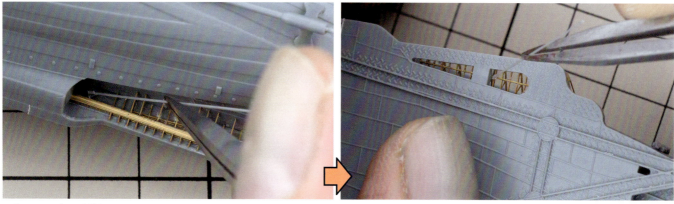

▲流し込み用プラ用接着剤で仮固定し両端を瞬間接着剤で補強するようにすると、見た目のきれいさと強度のバランスよく、しかも手早く組めます

▲ここはエッチングパーツが大きめなので、端だけでなくさらに瞬間接着剤で補強しておきました。これでかるく触れたくらいでは取れません

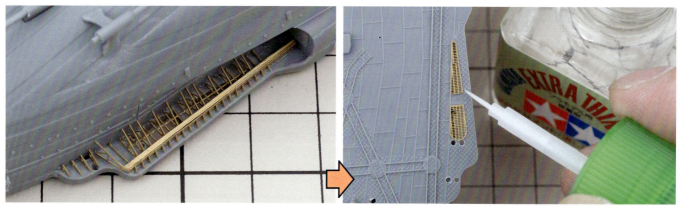

▲艦尾側の小さなケタパーツを接着。ここは手すりなどと同様、高粘度瞬間接着剤を点付けして位置決めをし低粘度瞬間接着剤を流し込んで固定します

▲甲板上面の網状のパーツを取り付けます。これくらいのあまり大きくない大平面状のパーツであればプラ用接着剤を流し込むだけでも固定できます

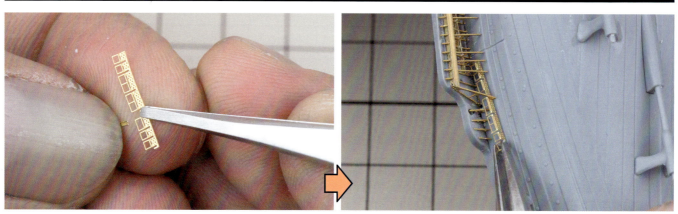

▲足場を組み立てますが、ラッタルが一体のままだと工作しにくいので、ラッタル部分を何度か曲げ返して切り離しておくことにします

▲手すり部を折り曲げたら、ケタの間の所定の位置に入れてみて、きちんと収まるかどうかを確認。接着する位置も確認しておくようにします

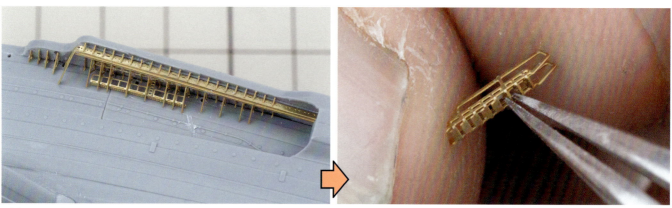

▲仮組みをして大丈夫そうなら瞬間接着剤で固定します。この足場のパーツの取り付け位置はこのようになります（写真は右舷側です）

▲手すり付きのラッタルは足場が水平な階段状になるように曲げます。非常にこまかい作業となりますが、できあがるととてもリアルになります

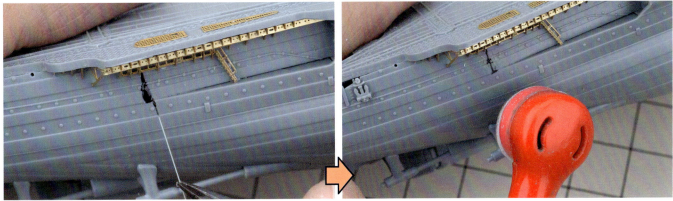

▲艦体パーツの合わせ目を消すために、合わせ目部に黒瞬間接着剤を極少量塗ります。前後しましたが、エッチングパーツを接着する前のほうが作業しやすいです

▲Mr.ポリッシャーPROでヤスリのフチのところだけをあてるようにして整形します。電動ヤスリはあてる箇所を限定しやすいのがよいところです

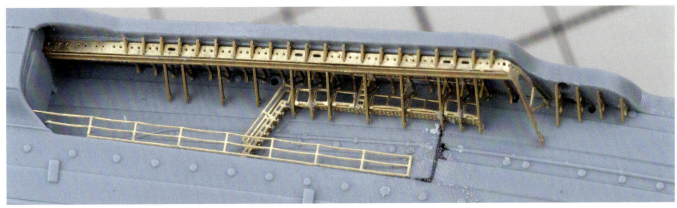

▲手すりを接着して艦尾の艦載艇格納庫周辺のディテールアップ終了。プラスチックパーツのモールドのままのときとは見違えるほどディテールがこまかく再現できています

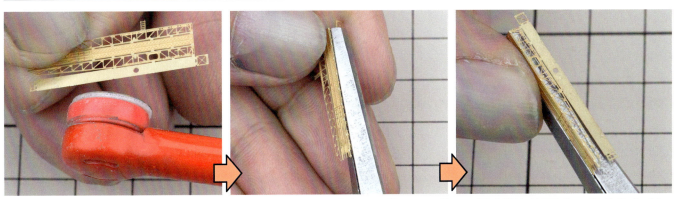

▲艦尾に装備されていた艦載機のカタパルトのパーツを組み立てます。切り出したらMr.ポリッシャーPROでゲートを整形しておくようにします

▲こういった箱状に折り曲げていく形状のエッチングパーツは折り曲げる順番がとても重要。順を間違うときれいに折り曲げられなくなります

▲折り曲げるときは長めのエッチングベンダーやヤットコなどを使います。隣り合った折り線を端から順に折っていくようにしましょう

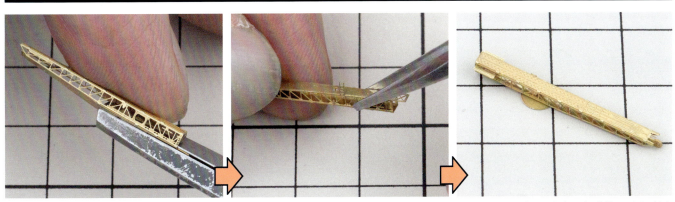

▲はじめからすべて直角に折ろうとすると、小さいパーツではベンダー先端が収まらなくなってうまく折れなくなりますのでこれくらいまで曲げておき……

▲3つの折れ線部を曲げたところで最後に四角く閉じるように形を整えます。形状が歪まないよう、力を加減しつつていねいに曲げて形を収めていきましょう

▲台座の円形パーツや滑車などを接着してカタパルトのできあがり。同じものをふたつ作っておき、艦体には塗装後に取り付けるようにします

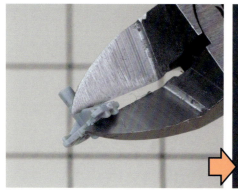
▲艦尾クレーンの工作です。まずは基部のプラ製パーツの不要部分を削除。おおまかにニッパーで切ってから整形して、棒状になるよう整えます

▲基部のパーツは写真左側のような形状にします。トラス状の補強パーツは小さいので、取り違えたりなくしたりしないように要注意です

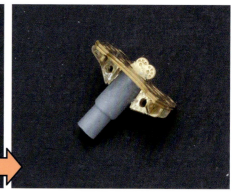
▲組み立て説明書の指示どおりに組み立てました。補強パーツは挿し込んで組み合わせるようになっているので、合わせてから接着剤を流して固定します

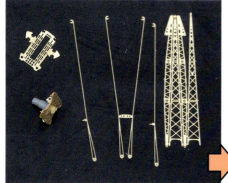
▲クレーン本体のパーツを切り出します。細いパーツは切り出すときに折り曲げないように注意します。厚紙の上で切り出すとパーツを曲げにくいです

▲ゲート跡をMr.ポリッシャーPROで整形します。折って箱状に組み上げるパーツはゲート跡が飛び出していると干渉することがあるのできれいに削ります

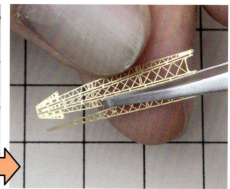
▲カタパルトと同様に端から順にエッチングベンダーで追っていきます。細いトラス状構造なので、力加減に注意して慎重に作業しましょう

▲このパーツは折るところが多いですが、まずは筒状になるようにします。筒状になってからすぼまったところの根元を折って先端を揃えます

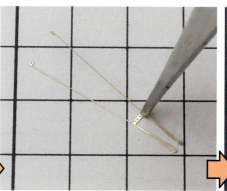
▲ワイヤーのパーツはとても細く、手で持って折り曲げるとワイヤー部が曲がってしまいがち。写真のように机の上などで押しつけるようにして曲げます

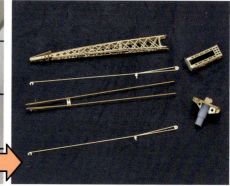
▲クレーン本体のトラス構造、台座、ワイヤーなどの折り曲げ／接着加工がそれぞれ終わったところ。合わせて仮組みしてみてから接着に進みます

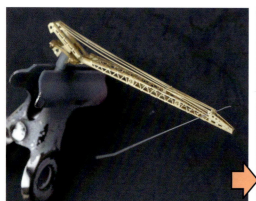
▲ワイヤーパーツの取り付け部には穴が開いているので、伸ばしランナーを通して位置を決めて接着しました

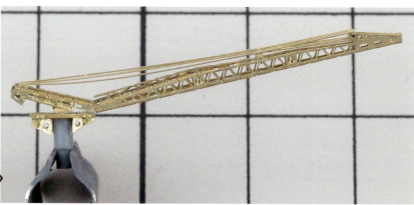
▲組み上がったクレーンです。ムクの塊だったキットのプラ製パーツと比べるとかなり精密になりました。ワイヤーのディテール再現も効いています

艦載機の工作

艦上を華やかにするワンポイント

大和を作る場合、艦載機はしまわれた状態にしてもかまわないのですが、せっかくこまかに再現されたパーツが付属しているので、外に搭載した状態にするとよい模型的なアクセントになってくれます。

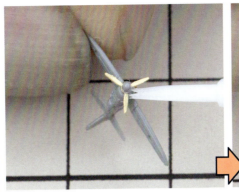

▲この大和の艦載機のプラ製パーツはプロペラまでが別パーツで再現されていますが、エッチングパーツに置き換えるとさらに精密に作り込めます

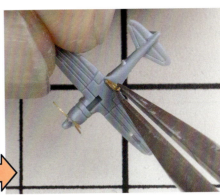

▲プロペラを置き換えたら、フロート後部支柱のエッチングパーツを接着。フロート側に一体再現された同箇所は削り取っておきます

▲翼間支柱はプラ製パーツを使用せず置き換えるだけ。このエッチングパーツを使うと×状の補強線も簡単に再現することができます

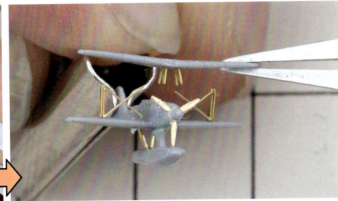

▲上翼と翼間支柱を合わせて組みつけていきます。機体／上翼間の支柱は上翼側に取り付けておくと位置決めや接着がしやすいです

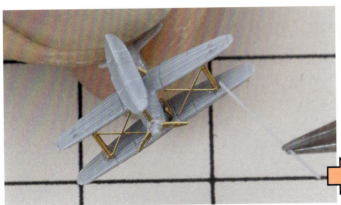

▲高粘度瞬間接着剤の点留めで位置を決めてから低粘度流し込み用瞬間接着剤で補強。位置決めのときに上翼が曲がっていないかよく確認します

▲翼下のフロートの支柱もエッチングパーツに置き換えました。プラ製フロートパーツの支柱を切り取ってエッチングパーツを接着します

▲フロートは小さいので、ランナーに付いたままエッチングパーツを接着し、翼に接着を終えてからゲートをギリギリのところで切るようにします

▲零式水上偵察機と零式観測機のディテールアップ終了。もともとの細密再現がエッチングパーツの使用でさらに引き立ちました

艦体上部構造物／艤装の工作

大和ではとくに工作順が重要です

甲板上構造物の構造がとても複雑な大和最終時。折り重なるような火器／管制装置の配置は魅力ですが、工作するときは手順をよく考えないと奥までピンセットが届かなくなったりするので要注意です。

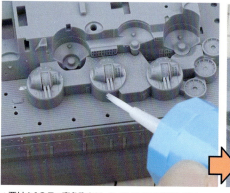
▲覆付き12.7cm高角砲をMr.セメントSで接着します。高角砲の台座となる上部構造物パーツは甲板パーツにのせているだけでまだ接着はしていません

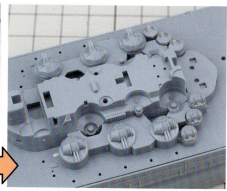
▲覆付き12.7cm高角砲6基とその後方に並ぶ覆付き25mm三連装機銃6基を接着しました。複雑な箇所の艤装は、「下側から／内側から」組みつけるのがセオリーです

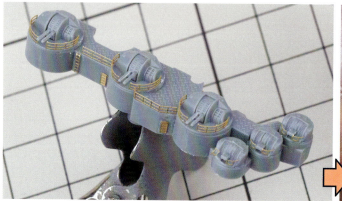
▲手すりと水密トビラのエッチングパーツを取り付けます。上部構造物パーツを甲板パーツに接着しないでおいたのはこの作業をしやすくするためです

▲R7とR8のパーツには三角形の不要部分があります。組み立て説明書の削除範囲の説明図をよく見て先に削り取っておくようにします

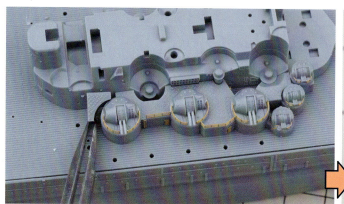
▲R7（反対側はR8）はここに納まります。あとで入れようとすると収まらなくなったり隙間ができるので、位置を合わせ先にG2（G3）に接着します

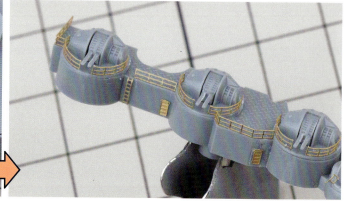
▲R7（R8）上にも手すりを接着しておきます。ここでもG2+R7（G3+R8）はまだ艦体パーツには接着しないでおくようにします

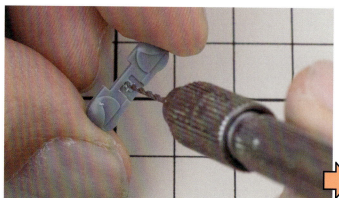
▲パーツI4は上に付くS9の位置決めのダボにするための隠し穴がありますので、接着する前に裏側のモールドのところに穴を開口しておきます

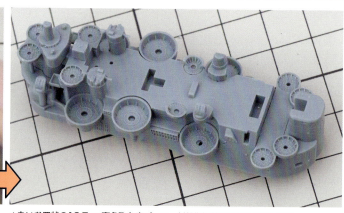
▲丸いお皿状の12.7cm高角砲台座パーツ、射撃指揮装置などを接着します。艦橋接着前に25mm機銃台座パーツE7を入れておくのを忘れないようにします

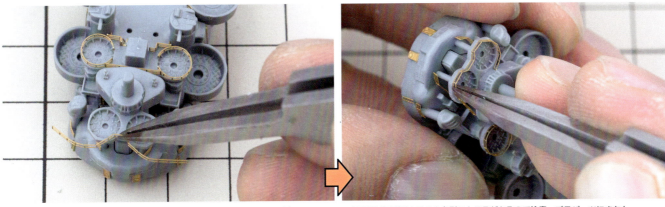

▲手すりはセオリーどおり内側（艦の中心線に近い側）から取り付けます。外側からだと内側を工作するときに工具や手をひっかけやすくなります

▲台座部は円形のところと角形のところがあるので注意。プラパーツにきちんと形が合うように調整して接着していくようにします

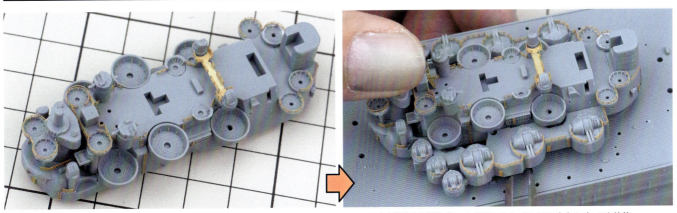

▲大和のように小艦装類パーツが多く奥まったところがある艦では、パーツをすべて組みつけると塗装がきれいにできないので、ここまでで止めます

▲ここで中央構造物を艦体パーツに接着します。はじめに中央のパーツを接着すると左右がはまらなくなるので、接着前にまとめてのせておきます

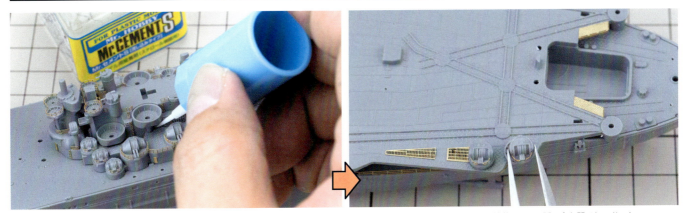

▲まとめてのせて位置を決めたら、Mr.セメントSを少量流し込んで固定でいます。甲板との境目の目立つところには流さないほうがきれいに固定できます

▲艦尾の覆付き25mm機銃4基をのせて接着します。隠し穴を開口しておいたところに合わせますがきついようなら穴を大きくして調整しましょう

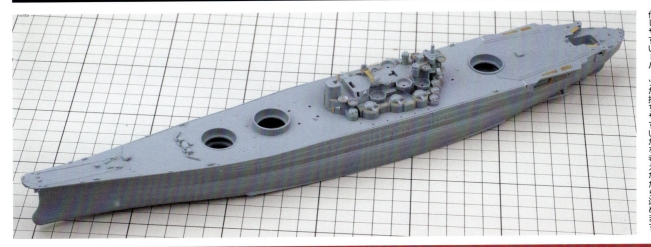

◀艦体の基本構造が組み上がりました。エッチングパーツを使用する際は、手すりパーツをどの段階で接着するとエ作しやすい＝パーツが持ちやすいかを考えながら進めます

▲煙突の組み立て。ここもなるべくパテを使いたくないので、プラ用接着剤を少し多めに塗り押しつけて溶けたプラスチックが少しだけはみ出すようにします

▲接着剤と溶けてはみ出したプラが硬化するのを待ち、硬化したらナイフではみ出したところだけを切ります。パーツに刃を沿わせるようにするときれいに切れます

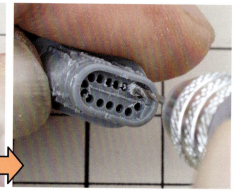
▲煙突の排煙口のディテールをエッチングパーツに置き換えるので煙突内を開口します。まずおおまかに1mm径くらいのドリルで穴を開けてからナイフで削ります

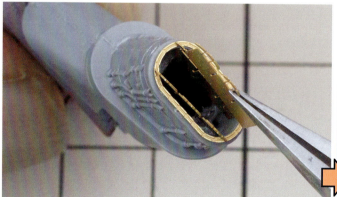
▲エッチングパーツを格子状に組み合わせるようになっているので、先に艦進行方向の板を煙突パーツ内に収めていきます

▲1パーツずつ接着していくとずれたときにあとでパーツが収まらなくなるので、先に収めてみてようすを見てからまとめて接着します

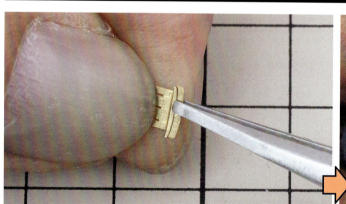
▲A191にA192を挿し込むところは、挿し込んでから挟むようにしてA191を折り曲げるときれいに工作しやすいでしょう

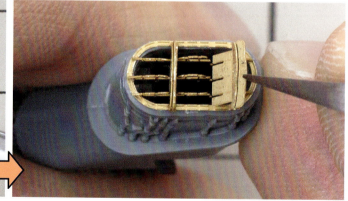
▲両舷側方向の板を、先に収めた艦進行方向の板の切れ込みに挿し込んで収めていきます。しっかり奥まで挿し込むようにしましょう

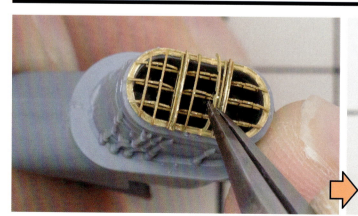
▲A186、A187、A188を上にのせます。それぞれ長さ/形状が異なるので切りだしたあと取り違えないように注意しておきます

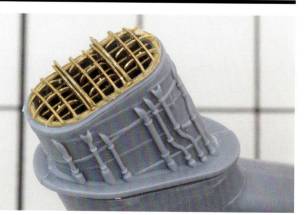
▲きちんと収まったら低粘度流し込み接着剤を接着棒で極少量流し込んで固定していきます。複雑に見えますがやってみると意外と単純な構成です

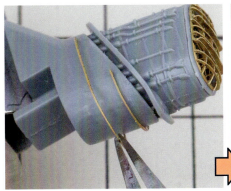
▲煙突のジャッキステーを追加していきます。両端に高粘度瞬間接着剤を点付けして位置決めしてから低粘度流し込み接着剤で補強しています

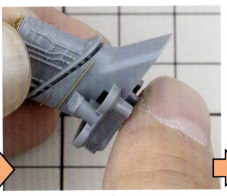
▲探照灯台座パーツを取り付けますが、ジャッキステーをひっかけて壊さないように注意します。先に台座を付けるとジャッキステーが取り付けにくいので注意

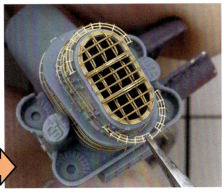
▲足場のパーツを接着します。ここはパーツ状態では支柱部分が周囲に伸びていますが、接着後に折り曲げたほうが接着の作業がしやすいです

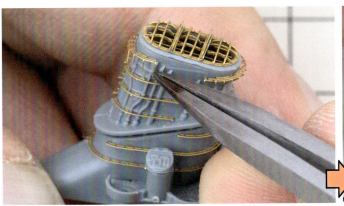
▲足場パーツを瞬間接着剤2段階接着で固定してからピンセットで棒状の支柱部分を下に折り曲げて所定の位置に収めます。下端は接着しなくてもOKです

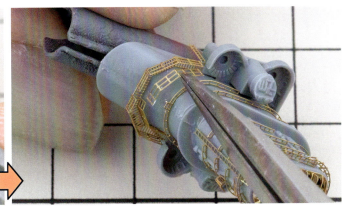
▲ラッタルや手すりを接着していきます。ほかの箇所同様、先に折り曲げて形状を合わせてから瞬間接着剤2段階接着で取り付けます

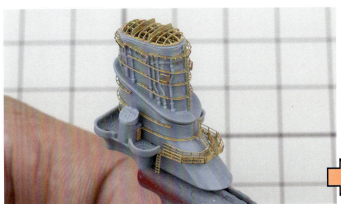
▲煙突のエッチングパーツ工作終了。汎用パーツだと工作が非常に難しいジャッキステー再現も、専用設計パーツなら寸法ピッタリでかなり楽です

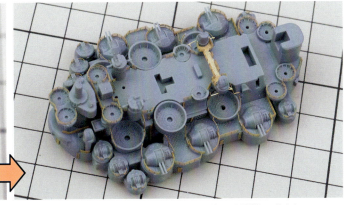
▲基部となる中央部構造物のエッチング工作にもれがないか確認しておきます。奥まったところは組み立てが進むと工作が難しくなっていきます

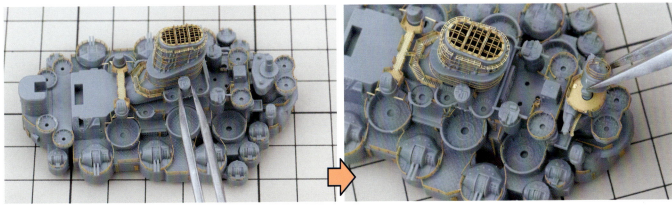

▲周囲の工作済みエッチングパーツに当てて壊してしまわないよ慎重に煙突を収め、傾きがないかなどを確認調整してからMr.セメントSで接う着します

▲後楼を組み付けておきます。高角砲、機銃、射撃指揮装置、探照灯などの艤装類は塗装後まで取り付けないでおくようにします

艦橋の工作

艦船模型工作の
ハイライト、見せ場です

艦橋は艦の「顔」。とくに大和型は特徴的な艦橋の造形が大きな魅力となっていますので、ほかの箇所以上にしっかりと工作をするようにして、精密かつきれいに作り込みたいものです。

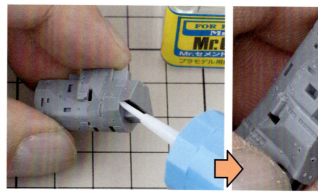

▲煙突同様にプラ用接着剤で少し溶けたところがはみ出すようにしますが、やり過ぎると形状を損なうので、Mr.セメントSでほんの少しだけ溶かすようにします

▲ディテールをよりくっきりと見せるために窓の凹モールドをドリルで開口しました。刃を当てるときに位置がずれないように気をつけましょう

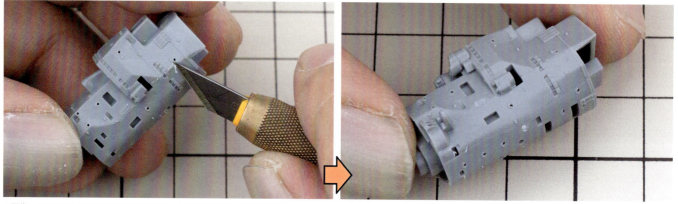

▲硬化したはみ出し部分をナイフで切ります。ナイフの刃をパーツに当てて切りますが、当てている面をしっかり意識して作業するときれいに切れます

▲もともと合いが良いのでパテを使ったり瞬間接着剤で穴埋めをしなくてもここまできれいにできます。ヤスリで整えないのでディテールも損ないません

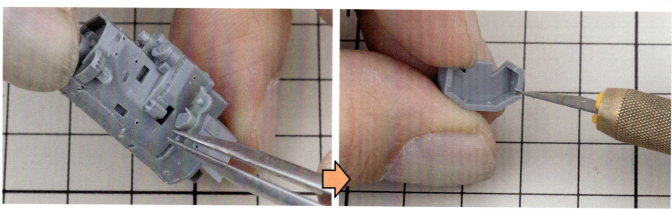

▲張り出しのパーツを取り付けていきます。取り付ける前にゲートやパーティングラインをきれいに整形しておくようにしましょう

▲兵員待機所のパーツG5は、射撃指揮装置架台パーツの取り付け方を変えられるよう、ダボ部が隠し穴になっているのでナイフで切り欠いておきます

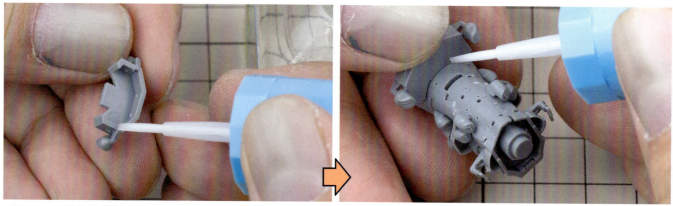

▲架台パーツを切り欠きにはめてみて収まるように調整します。きちんと収まるようになってからMr.セメントSで接着します

▲兵員待機所を艦橋パーツに取り付けます。接着剤が完全に硬化する前に基部となる中央構造物のパーツと隙間ができないように角度を調整しておきます

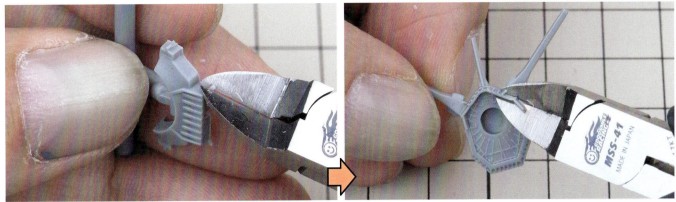

▲後部の張り出しパーツG4の角のところにある小さな突起は旗甲板灯台です。ここはエッチングパーツに置き換えるので削除しておきます

▲艦橋トップのパーツの整形をしていきます。第一艦長窓枠はエッチングパーツにしますので、パーツC2後方下側のモールドを削除します

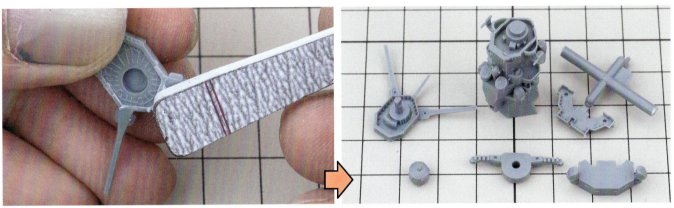

▲ニッパーで切ってから紙ヤスリで整形します。削りすぎるとエッチングパーツの窓枠との間に隙間ができるので凸凹がなくなり次第削るのを止めます

▲艦橋のプラスチックパーツの組み立て、整形が終わったところ。これ以上組み立てるとエッチングパーツの工作にしにくくなるのでここで止めます

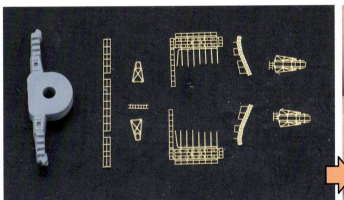

▲まずはトップの測距儀／電探を作っていきます。艦橋のエッチングパーツはこまかく繊細なものが多いので慎重に切り出しなくさないように注意します

▲手順は、左右のトラス状補強→手すり→張り出した足場→電探が組みやすいでしょう。手すりは先に曲げて合わせてから接着します

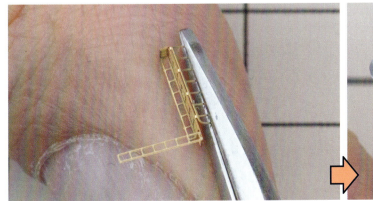
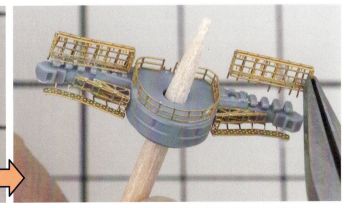

▲カゴ状に折っていく電探部は手順を間違えると組めなくなります。組み立て説明書に手順が描かれているのでよく見て順に折っていきましょう

▲プラ製パーツC1の上面にあるゲート跡をきれいに整形しておかないと電探がまっすぐ収まらないので注意。整形時の削りすぎも禁物です

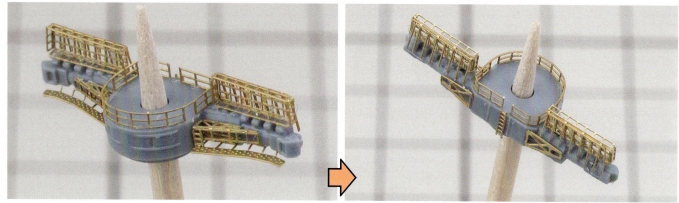

▲電探パーツを瞬間接着剤で接着しました。ここの電探は曲がっていると完成後にとても目立つので、2段階接着をして位置/向きを整えましょう

▲後ろ側のラッタルやトラス状ディテールのパーツも取り付けます。このエッチングパーツの電探は非常に繊細かつ立体的な再現をすることができます

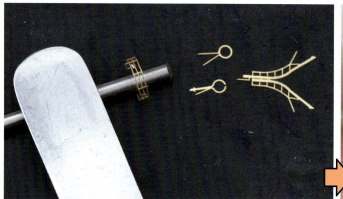

▲天辺の部分に使うエッチングパーツを切り出します。手すりはドリル刃の柄などを使って先に丸めておくようにします

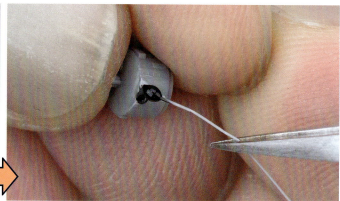

▲パーツD2はエッチングパーツに置き換えるので、パーツD19のD2取り付けのためのダボ部を埋めます。黒瞬間接着剤を使い硬化後に削って整形します

▲パーツD19に手すりを接着します。先にきちんと径が合うように曲げておいたものを瞬間接着剤の2段階接着しますが、手すりの欠けている箇所の位置に注意

▲ループアンテナもエッチングパーツにします。組み合わせて位置を合わせてから瞬間接着剤を少量流して固定。クリップなどに挟むと作業しやすいです

▲ループアンテナをパーツD19天面に接着。パーツD19に穴を開けてそこに挿し込みますが、向きに注意が必要なので組み立て説明書の図をよく見ましょう

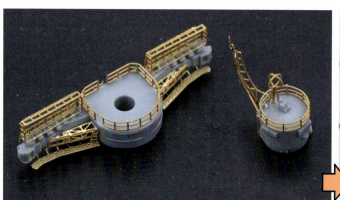

▲測距儀より上の部分のエッチングパーツ工作が終わりました。ここは艦載艇収納部と並んでエッチングパーツ工作がとくに映える箇所です

▲パーツC2に手すりなどのエッチングパーツを取り付けます。手すり以外も手すり同様に瞬間接着剤2段階接着をすればしっかり接着できます

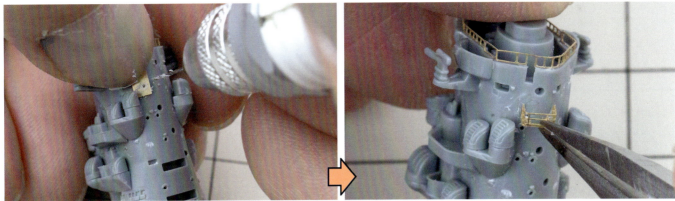

▲張り出しのエッチングパーツA140のところはパーツ取り付け用の穴を開けるための治具が付属していますので、それを使って指定どおり穴を開けます

▲穴開け指示図に指示がある扉のモールドを削除してから足場パーツを取り付けます。足場は水平に気を付けて接着するようにしましょう

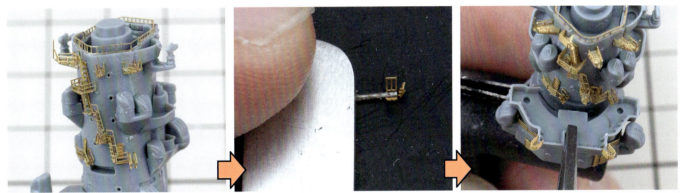

▲ラッタルのエッチングパーツを取り付けます。ここもラッタルの床面を折り曲げるようになっていて、組み立てると精密かつリアルな雰囲気にできます

▲小さな張り出し部分を工作して取り付けていきます。先端側が丸い手すりは、先に丸いところを曲げてから折り曲げて立てるようにするときれいに曲げられます

▲旗甲板灯台のエッチングパーツを取り付けておいたパーツG4を艦橋本体に挿し込んでみて、ラッタルなどと干渉しないか確認。接着はまだしません

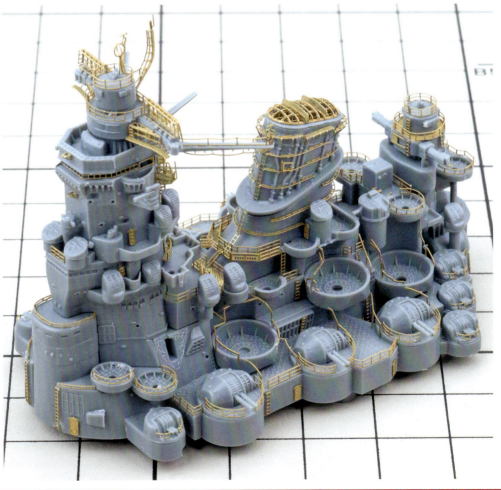

▲大和の艦橋を模型で製作する際の見せ場のひとつが後面のディテールアップ。純正グレードアップパーツのエッチングパーツを使えば、プラ製パーツとは比べものにならないほど精密に作り込むことができます

●艦橋のエッチングパーツ工作が終わったら中央構造物のパーツに収めて接着。その後棒状の高角砲の射角制限装置などを接着したのが右の状態です。純正グレードアップパーツはとてもよく考えられたパーツ構成で寸法もぴったりなので、手順さえよく考えてひとつずつていねいに作業していけば、このような精密なディテールを手にすることができます

65

マスト、ダビッドの工作

壊れやすいところや外周部は最後に工作

1/700艦船模型のディテール工作は繊細なので、うっかり触って壊したり持つところがなくなったりしないよう、細いマストや舷側外周部のディテール取り付けはあとで行なうようにしましょう。

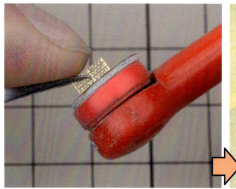
▲マストに装備されている一三号電探を組み立てます。トラス部分は切り出したらMr.ポリッシャーPROでゲート部を整形しておくようにします

▲三角柱になるように折りますが、パーツがかなり小さいので、中央の面をテープ台に貼り付け、両端面をはさむようにして形を整えました

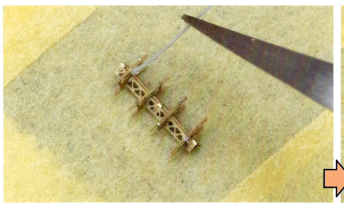
▲アンテナ部分のパーツをトラスに挿し込んで位置決めをします。平行になるように位置が決まったら低粘度流し込み用瞬間接着剤で固定します

▲同じものを2本作ってから上下の板で挟みます。まず片側に2本垂直に成るように接着してから反対側をのせて固定すると歪みにくいでしょう

●マストのプラ製パーツの工作をします。尖った張り出し部はエッチングパーツに置き換えますのでナイフで切り取っておきます

▲マスト柱のような細いパーツは、ランナーに付いたままの状態でナイフでパーティングラインの処理をすると折ったり曲げたりしにくくなります

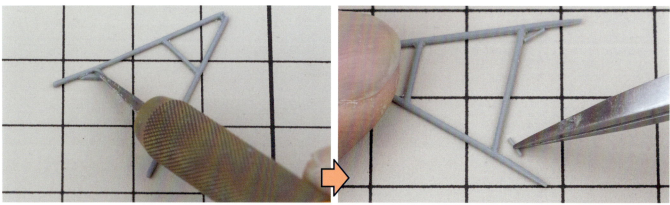
▲今回は基本的にキットパーツを使って組んでいきますが部分的にディテールアップ。ナイフの刃をあてている補強部を細くしてみます

▲ナイフの刃を押しあてて切り、そこに細い伸ばしランナーを接着し直します。これなら簡単にマストの精密感を上げることができます

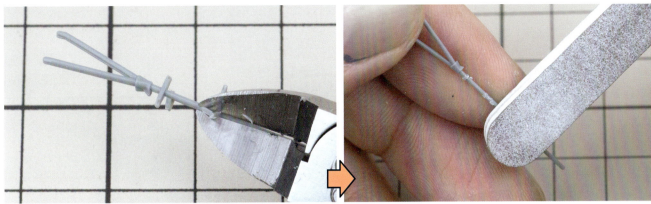

▲一三号電探は基部ごとエッチングパーツに置き換えますので、マストパーツ側に一体成型されている基部部分をニッパーで削除します

▲薄刃ニッパーで大まかに切ったあとは紙ヤスリで整形。同時にパーティングラインもきれいに処理しておくようにしましょう

▲マストに使用するパーツの工作ができたので、ここからマストを組み立てていきます。まずは仮組みをして位置関係をしっかり把握しておきます

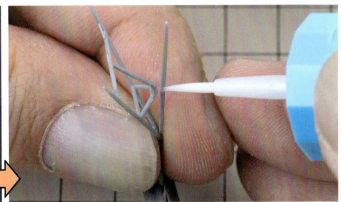

▲先にパーツH15をH18に接着しておき、H19としっかり位置を合わせてMr.セメントSを少量流して固定します。流しすぎないよう注意しましょう

▲プラスチックパーツ同士を組み合わせて基本構造ができたらエッチングパーツを取り付けていきます。一三号電探は上下に注意します

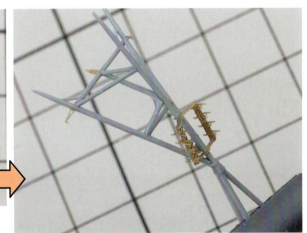

◀組み立て順は、信号探照灯台→電探→張り出しの順がやりやすいです。エッチングパーツの小さな張り出しはうっかり触って飛ばさないように注意しましょう

▲舷側のダビットは工作中に触って壊さないように工作の最後に取り付け。プラ用高粘度接着剤を接着棒で点付けして位置決めをします

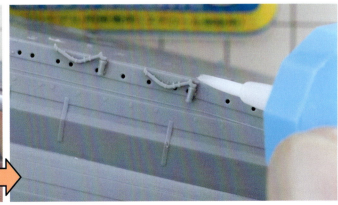

▲位置が決まったらMr.セメントSを少量流し込んで補強。ダビットは組み立て説明書をよく見て位置と向きを間違えないように注意します

基本塗装

いつどこまで塗るか そこがポイントです

1/700艦船模型はディテールがこまかく塗り分けも必要なので、すべて組み上げてから塗装するのはあまり現実的ではありません。おすすめな実際の塗装工程順を紹介してみることにします。

▲全体の流れとしては、艦体色グレー以外の部分を先に塗ってマスキングしてグレーの塗装をします。まずはエアブラシで煙突を黒く塗ります

▲マストも黒く塗ります。奥まったところや裏側に塗りこぼしがないよう、いろいろな方向から見るようにして、ていねいに色をのせておくようにしましょう

▲第一艦橋の床パーツは木甲板色を塗っておきます。こういった板状のパーツはそのままだと持って塗れないのでテープ台に貼り付けて塗ります

▲艦橋左右下側に付けるフロートは白く塗っておき、あとで筆塗りで赤線を塗り分けます。こういった小さいパーツもテープを貼った台の上で塗ります

▲艦橋の床がリノリウム張りのところを濃い茶色で塗ります。のちほどマスキングするので、ここではみ出しは気にせず塗って大丈夫です

小さいパーツは"テープ台"に貼り付けて塗装します

▲手で持って塗装したりクリップで挟めない小さいパーツは、両面テープをノリ面を上にして貼った台の上に貼り付けると塗装がしやすくなります。これだと同形の艤装の数が把握しやすいのもポイントです

▲艦載機は上下で色を塗り分けますが、1/700でマスキングをするのは難しいので、片面ずつ塗装していくようにして塗り分けをします

▲下面色を塗り塗料が乾いたらパーツをひっくり返してテープ台に張り直して上面色を塗ります。吹きつけの方向に注意すればきれいに塗り分けられます

精密にディテールアップしたらホコリに要注意！

▲1/700の艦船模型はディテールがとてもこまかいので、完成品を眺めるときに塗装面が凸凹しているととても気になります。なので、塗装中は塗膜の凸凹の原因になるホコリの付着に気をつけましょう

▲艦底側を艦底色で塗ります。艦尾の舵／スクリュー付近はディテールが集中しているので、奥まったところに塗りこぼしができないよう注意します

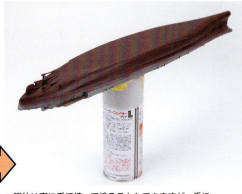
▲艦体は直に手で持って塗ることもできますが、手に付着した薄め液や塗料がついたりしないよう、缶スプレーのフタに両面テープで貼り付けて作業しています

▲スクリューを塗ります。1/700艦船模型はマスキングが難しいので、色分けするところは別に塗ってから組み立てるほうがきれいに仕上げやすいです

▲艦首／艦尾甲板は新考証に基づいた指定どおり暗めのシルバーに。スケール的には派手な感じになりますが、新鮮でおもしろい模型的アクセントになります

▲艦橋の一部の張り出しも床面が暗めのシルバーの色指定になっています。メタリック色は奥まったところの周囲に飛び散るとザラつくのでここは筆塗りです

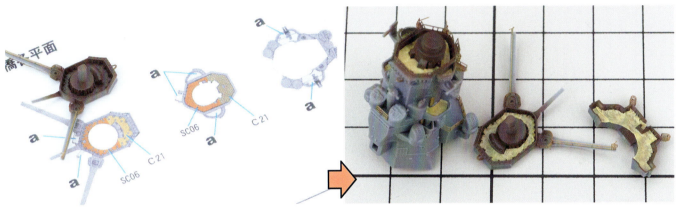

▲艦橋各階層の床面色はキット付属のマーキング・塗装ガイドに詳しい指示図がありますので、それを参考に塗り分けをしていきます

▲図を元にテープで床面をマスキングしました。塗り分けの境界ラインは複雑な形なので、細切れにしたテープを貼り重ねるようにしています

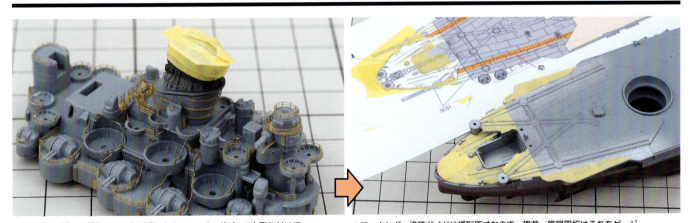

▲煙突の黒く塗った部分をマスキングします。エッチングパーツを取り付けているので、その上にテープをゆるめに巻き付けるようにしています

▲マーキング・塗装ガイドは模型原寸なので、艦首／艦尾甲板はそれをゲージにしてマスキングテープを切り出して使いました

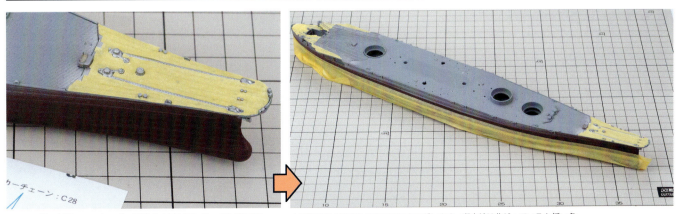

▲艦尾同様に艦首もマーキング・塗装ガイドを元にテープを切り出してマスキング。うまく切れなかったところはテープを貼り足します

▲最後に喫水線のところでマスキングします。喫水線は曲がっていると低い角度から眺めたときに目立ちますので、テープを張った状態でまっすぐ貼ります

手すりや小さい艤装パーツは、どの段階でどこまで塗る？

工作と塗装の手順でとくに悩むのが艦体舷側の手すり。先に接着すると甲板のマスキングがとてもしにくくなりますし、塗装してから接着しようとすると手すりパーツは細くて持ち手もつけにくい……そこでおすすめなのが、舷側手すりはエッチングパーツを切り出す前に塗装し、切り出したゲート跡部分だけ筆塗りでリタッチする方法。これなら塗装も甲板マスキングもやりやすいです。

▲塗装後に接着したいエッチングパーツは、枠から切り出さずに塗装すると塗装しやすいです。折り曲げ加工があるところ先に切り出してテープ台で塗装します

▼機銃など小艤装パーツのスミ入れも組み付け前にやっておいたほうが作業しやすくきれいに仕上がります。奥まったところは先に塗装作業を済ませましょう

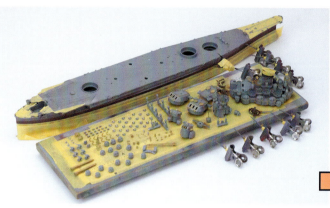
▲グレー塗装前の組み立てはここまでにしておきます。挟める大きめのパーツは目玉クリップで保持し、小パーツはテープ台に貼り付けて持ち手にします

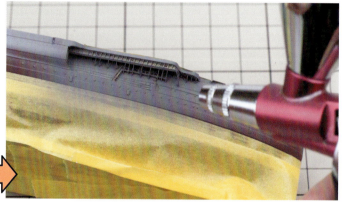
▲まず奥まったところから塗ると、全体が厚ぼったくなりにくくなります。厚塗りするとモールドが埋まって見映えが悪くなるので注意しましょう

▲艦体色グレーの塗装が終わりました。今回は木甲板シートを使うので甲板は塗り分けていませんが、塗装仕上げの場合はグレー塗装の前に甲板色を塗ってからマスキングしてグレー塗装になります

▲持ち手が付けられない小パーツの裏側は、片面を塗ってから裏返して貼り直して塗ります

武装／小艤装の仕上げ

スミ入れ／ウォッシングで細部を引き立てる

凹んだところに影色を入れるのがスミ入れ／ウォッシング。1/700艦船模型では綿棒などで拭き取りができないところがほとんどなので、基本的に塗りっぱなしで仕上げていくようにします。

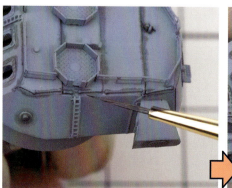
▲エナメル系塗料の焦げ茶色や濃いグレーを凹んだところに筆塗りします。拭き取らないので塗料はかなり薄めにしてポイントだけに塗料を少量塗っていきます

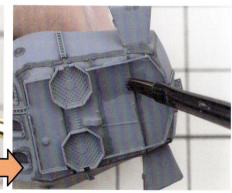
▲うすめ液だけを含ませた筆で先に塗ったスミ入れ色を延ばしていきます。基本的に上面は前後に、側面は上下に筆を動かすようにします

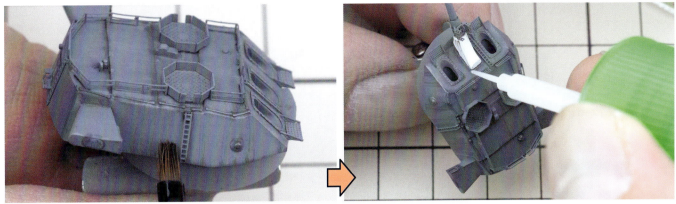

▲スミ入れ色を延ばすときにスジを少しだけ残すようにすると汚れのタレを表現できます。塩梅が良くなるまで筆でスジの感じを整えます

▲砲塔本体と砲身は先に組み立てておくと筆が届かないところができるので、スミ入れ／ウォッシングをしてから組み立てるようにします

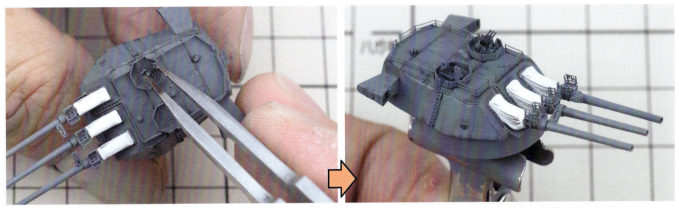

▲機銃も先に取り付けてしまうときれいにスミ入れ／ウォッシングがのばせなくなるので、別途スミ入れ／ウォッシングをしてから接着しましょう

▲主砲塔ができあがりました。写真を撮って掲載する作例ということで汚しを派手めにしましたが、ウェザリングの具合はお好みで製作してください

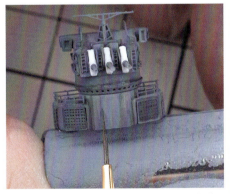

▲副砲と基部も同様にスミ入れ／ウォッシングを施しました。ディテールが集中するところはスミ入れを濃いめにするとよりモールドが映えます

塗料が剥げたら、そこだけリタッチすればOKです

エッチングパーツや真ちゅう挽き物製パーツは、ちょっとしたことでこすれて塗料が剥げてしまうことがあります。また、塗装してから工作したエッチングパーツは切り出したゲート部分には塗料がのっていません。こういったところは筆塗りでリタッチしましょう。完成後はほとんど目立たなくなります。

▼気づかないうちに塗料が部分的に剥げてしまうことはよくあるので、部分ごとに「できあがった」と思ったところで塗料のハゲがないか確認しましょう

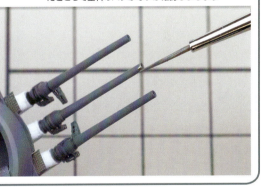

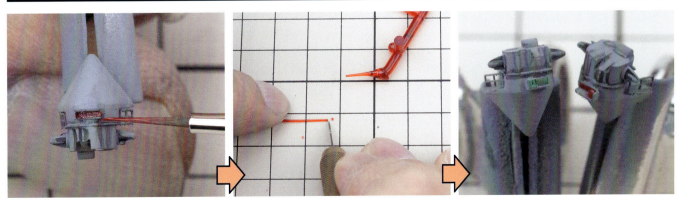

▲舷灯を工作します。航空機の翼端灯と同じで、左舷側が赤で右舷側が緑になります。パーツF5／F6の舷灯部分の側面を筆塗りで赤と緑に塗り分けます

▲ライトの部分はキャラクターモデルのクリアー成型のランナーを伸ばしランナーにしたものを使いました。延ばして切るだけなので簡単です

▲縦板がある側に、短く切った伸ばしランナーの棒を立てて接着します。艦船模型は色味が少ないので、舷灯を塗り分けて作り込むとよいアクセントになります

71

艦橋などの仕上げ

塗装と組み立ての順番がとても重要です

艦橋や中央構造物はこまかいディテールが多く完成後も目立つポイント。汚くならないように仕上げるには、塗装と組み立ての順番をよく考えてから適切に作業を進めていく必要があります。

▲艦橋側面にある窓の鎧戸を筆塗りで塗り分け。考証に基づき実艦どおりの形状に再現された箇所ですので、アクセントになるよう艦内色っぽい白で塗っています

▲第一艦橋上のパーツC2を取り付けます。艦橋窓枠との合わせのところに隙間ができていないか、左右に傾いていないかに注意して位置決めをしましょう

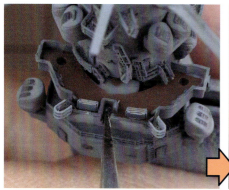
▲艦橋後部の張り出しパーツG4を取り付けます。仮組みして確認しておいたのですんなり収まりますが、周囲のエッチングパーツをひっかけないよう注意します

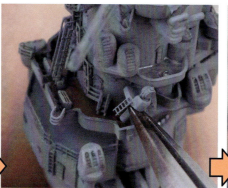
▲探照灯台のパーツS5、S6を張り出しパーツG4に取り付けます。クリアランスがシビアなので、ラッタルを引っかけないよう慎重に収めましょう

▲艦橋のトップを組みつけます。キットでは測距儀が回転するように組めますが、ディテールアップしているので破損予防のために固定しています

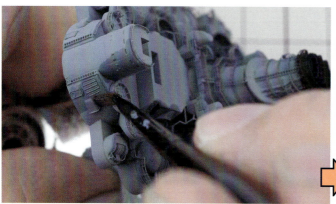
▲中央構造物にエナメル系塗料でスミ入れ／ウォッシングを施します。拭き取れないところがほとんどなので、塗りっぱなしで塗料をのばして仕上げます

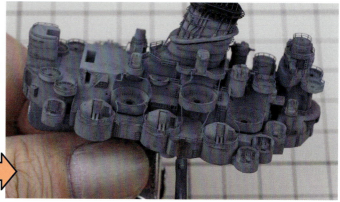
▲先に上段の高角砲をのせてしまうと奥がきれいにスミ入れできなくなります。奥まったところは塗料が溜まらないよう、塗料を少なめ／薄めにします

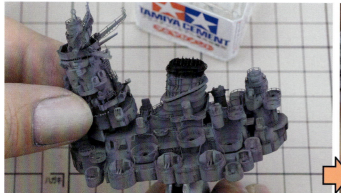
▲それぞれスミ入れ／ウォッシングまで終えてから中央構造物と艦橋を組み付けます。艦橋は左右に傾かないようとくに注意しましょう

▲別に基本塗装とスミ入れ／ウォッシングをすませた艤装類を取り付けていきます。機銃類は向きを揃えておくと見映えがよいでしょう

▲機銃に続いて探照灯なども取り付けていきます。この段階の艤装類の接着にはプラ用高粘度接着剤を使い、向きや角度に注意して位置決めをしましょう

▲最後に覆いなしの12.7cm高角砲を取り付けます。射角制限装置のエッチングパーツを付けているので、うまく避けるようにして収めます

▲副砲基部側面に装備されているフロートに赤線を筆塗りで入れます。先に基部に接着すると持って塗りやすいです

▲砲塔と上部構造物ができあがりました。スミ入れが汚いところや基本塗装が剥げているところがないかのチェックと修正はこの段階でしておきましょう

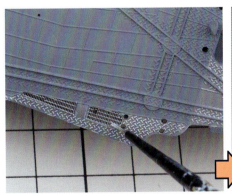
▲艦体側の仕上げに移ります。マスキング塗装で塗料がはみ出しているところなどがないかを探して、筆塗りでリタッチしておくようにします

▲スミ入れ／ウォッシングをします。甲板は木甲板シートを使うので、シートのフチになる箇所や凸モールド部だけに施すようにしています

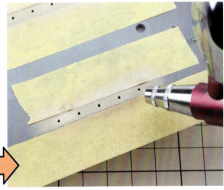
▲舷側の機銃台座のところは木甲板シートが切り欠かれていますので、念のためその周辺のところだけ木甲板色をエアブラシで塗装しておきます

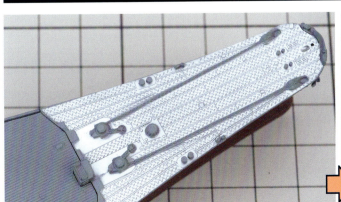
▲艦首甲板は暗めのシルバーで塗ったままだとギラギラしてスケール感がありませんので、スミ入れ／ウォッシングで色味を落ち着かせます

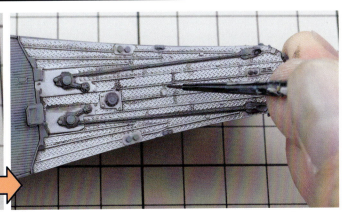
▲全体になんとなくスミ入れ色を塗って拭き取ると単に汚く見えてしまいますので、凸モールドの周辺を中心に面相筆で描くようにスミ入れ色を入れます

木甲板シートの工作

塗り分け不要の便利なシートを使おう

帝国海軍艦艇に多い木甲板は模型製作では塗り分けのマスキングにとても手間がかかりますが、純正アップグレードパーツセットの木甲板シートを使えば、カット済みなので楽々木甲板が再現できます。

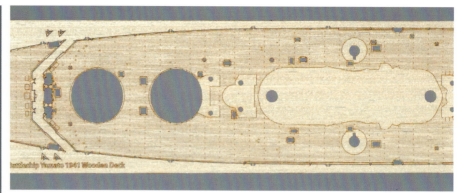
▲純正グレードアップパーツセットに付属している木甲板シート。カット済みで板目も再現されていて裏面にはのりがついているので、保護フィルムから剥がして貼り付けるだけで木甲板が再現できます。専用なので寸法もぴったり

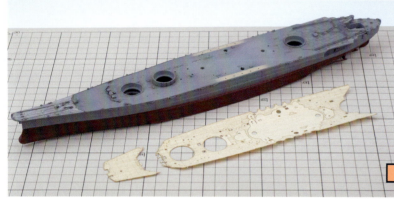
▲艦体パーツの基本塗装塗り分けとスミ入れ／ウォッシングが終わったところで木甲板シートの貼り付けをします。舷側手すりは未接着の状態です

▲台紙から剥がしてパーツの上に持っていき位置を調整しつつ上にのせます。凸モールドの位置に合わせていきましょう

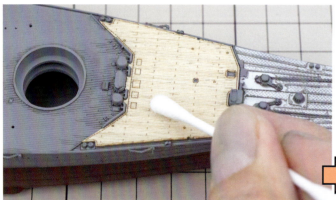
▲綿棒などで表面に傷をつけないように押しつけて密着させていきます。なるべく一発で貼れるよう慎重に位置合わせしましょう

▲ボラードの横の小さな三角形のところはシートが分かれています。小さいのでなくさないように注意しながら写真の位置に貼ります

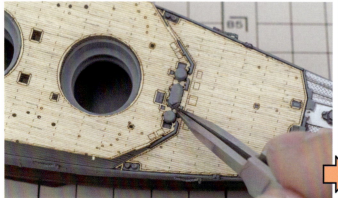
▲波切り板の後方の大判のシートを貼っていきます。まず波切り板のところにある通風塔の凸モールドをシートに合わせて位置を決めます

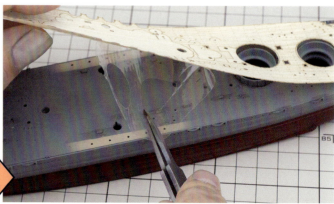
▲一気に保護フィルムをすべて剥がすと作業しにくくずれやすいので、波切り板のところで位置を合わせてから、貼りながらフィルムを剥がしていきます

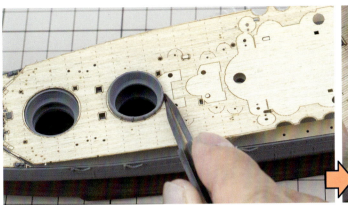
▲主砲塔のバーベットをシートの穴に収めます。ぴったりの寸法にカットされているので、うまく入らなければシート全体の位置を調整し直します

▲全体を綿棒などで密着させますが、甲板が傾斜しているところは舷側に隙間ができやすいです。浮いてしまうところは瞬間接着剤を少量流して留めます

▲木甲板シートはそのままだと少々スケール感に欠けますが、スミ入れをすると汚くなるのでエアブラシでシャドー吹きをします

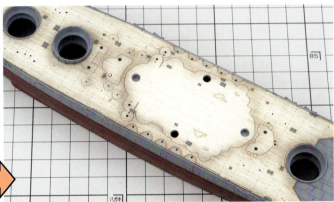
▲シャドー吹きは全体にしてしまうと意味がないので、上部構造物があるところのフチを周辺に抑えめに施すようにすると雰囲気よく仕上がります

▲リールのロープ部分を筆塗りで塗り分けます。基本塗装はエアブラシで行なっておき、テープ台の上で塗り分けるようにすると作業しやすいです

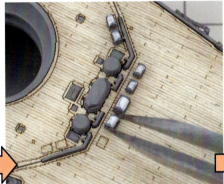
▲塗り分けたリールを甲板上に瞬間接着剤で取り付けます。波切り板のところは大小3種類のリールを配置するので、大きさと位置を間違えないようにしましょう

▲通風筒などの構造物や機銃などの艤装類も木甲板上に取り付けます。シート上に位置のマークやダボ穴があるので位置決めしやすくてよいですね

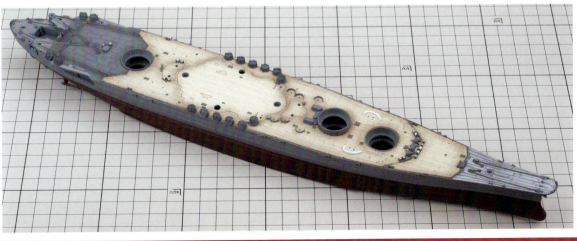
◀木甲板シートの工作が終わりました。マスキングして塗り分けるのと比べると格段に簡単に色分けができます。マスキングが苦手な方は木甲板シートをぜひ使ってみてください

ウェザリング

実艦の雰囲気を出すウェザリング術

長期間海上で作戦行動を行なう軍艦は汚れてきます。どれくらい汚れるかは場合によりけりですが、模型では実際よりちょっと派手に汚したほうが活き活きとした雰囲気にすることができます。

▲凸モールドの周辺にエナメル系塗料の濃いグレーを筆塗りします。このあと整えていくので大ざっぱに塗料を塗ればOKですが、あまり塗りすぎないように注意

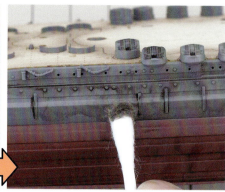

▲綿棒で塗料をのばしていきます。塗料をあまり残しすぎると汚くなってしまうので、全体にうっすら色と模様が残るくらいまで拭きながら整えます

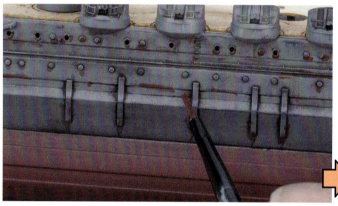

▲色味のアクセントとして茶色を入れます。あまり塗りすぎると錆びた戦艦のようになってしまうので濃いグレーよりは控えめに色を塗ります

▲先に塗った濃いグレーとなじませるような感じで茶色を延ばしていきます。よい感じにランダムになるように整えていきましょう

▲平筆にうすめ液を少量含ませ、上下に筆を動かしてさらになじませたりスジをつけたりします。ウェザリングの塗料が表面に残りすぎないようにしましょう

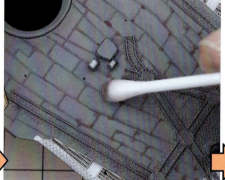

▲後部飛行機作業甲板も同様にウェザリングを施します。甲板は茶色を使いすぎると目立ってしまうので、舷側より汚しを控えめにするとよいでしょう

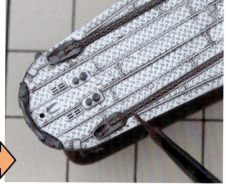

▲錨鎖に錆び色として茶色を塗ります。錨鎖は結構錆びますので、やや濃いめの塗料を面相筆で鎖部分だけに塗り、拭き取りはしないでおきます

▲ウェザリングを終えたら飛行機作業甲板のデカールを貼ります。デカールを水に浸し、デカールが動くようになったらパーツの上にピンセットでのせます

▲飛行機運搬軌条のところは、ナイフで切ってレールの上にデカールが被らないようにします。よく切れる新しいナイフの刃できれいに切りましょう

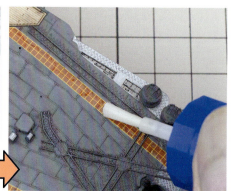

▲ノリ入りのデカール軟化剤（Mr.マークセッター）でデカールを軟化させてモールドに密着させましょう。軟化剤を塗って少し待ってから綿棒で押しつけます

舷側手すりの取り付け

舷側手すりは塗ってから接着

木甲板を色分けする必要がある艦では舷側手すりをいつ組み立てるかが問題ですが、別途塗装しておいて甲板色分け後に取り付けるのがおすすめ。この手順だときれいに仕上げやすくなります。

舷側手すりは、切り離す前にウォッシングまですませます

舷側の手すりは、エッチングパーツの枠に付いたままの状態で基本塗装とスミ入れ／ウォッシングをすませてしまってから、切り出して接着します。塗ってから切り出すので当然ゲート部分は金属地が露出してしまいますが、接着後にそこだけ筆塗りでリタッチすれば問題なくきれいに仕上がります。

▼手すりだけスミ入れ／ウォッシングしないと艦体側と色味がちぐはぐになるので、切り出す前に基本塗装をしてからスミ入れ／ウォッシングをしておきます

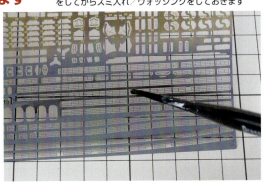

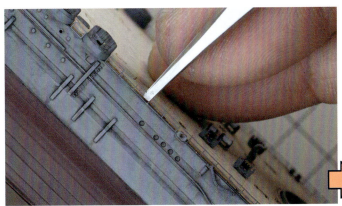

▲まず一回艦体パーツに手すりを合わせてみて位置を確認してから、接着部に少量の高粘度瞬間接着剤を点付けしてパーツに接着します

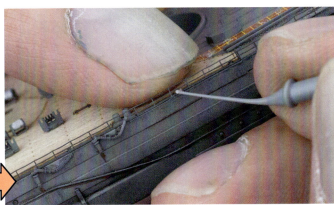

▲手すりが仮固定できたら、接着棒で低粘度流し込み用瞬間接着剤を少しずつ流し込んで補強していきます。微妙に浮くところは指で押さえて流し込みます

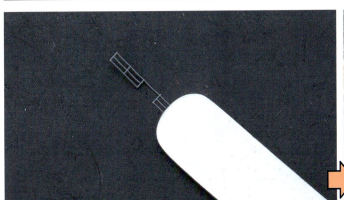

▲艦首／艦尾などの手すりが曲がっているところは、ピンセットの柄の先端などでかるくしごくようにするとゆるやかな曲率で曲げられます

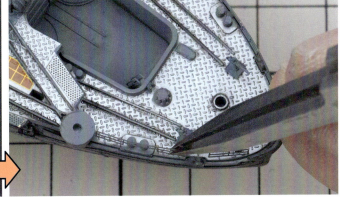

▲接着しながら曲げていこうとすると接着の難易度が格段に上がってしまいます。先に形状がぴったり合うまで調整してから接着に進みましょう

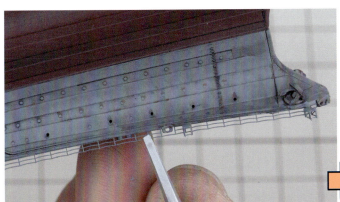

▲このエッチングパーツの手すりはフェアリーダーなどのディテールをよけるように設計されていますので、位置が合うように注意します

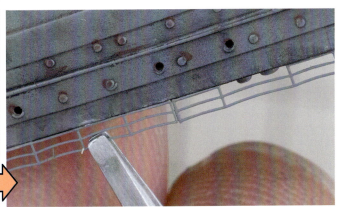

▲手すり同士の合わせ目はそのままにしています。縦棒部分を切って繋いでもよいのですが、そのままでも完成後はほとんど気になりません

最終組み立て

最終組み立ても内から外へ

いろいろなパーツを艦体に載せていくにしたがって、誤ってパーツを触って壊してしまう可能性が高まります。最終組み立てはそういった事故が起こりやすい工程なので、なるべく内側から外側へと組みます。

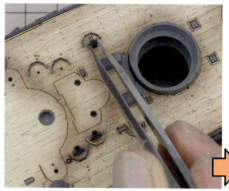
▲甲板上の25mm機銃とブルワークを取り付け。甲板上への取り付けは接着剤がはみ出すととても目立ってしまうので、高粘度瞬間接着剤少量で接着していきます

▲取り付けダボがあるパーツは、ダボ部分に高粘度瞬間接着剤を塗って接着すれば接着剤をはみ出させずきれいに取り付けることができます

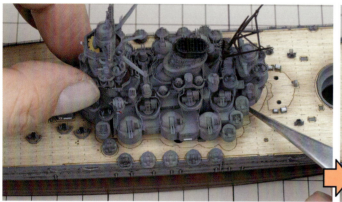
▲中央構造物を取り付けます。エッチングパーツを使っていると触れるところがほとんどないので、ピンセットなどで押しつけて隙間なく収めましょう

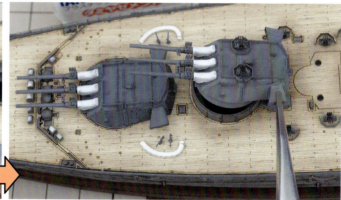
▲主砲塔は接着せず載せておくだけにすれば完成後も回転させることができますが、張り線をする場合は固定してしまったほうが安全です

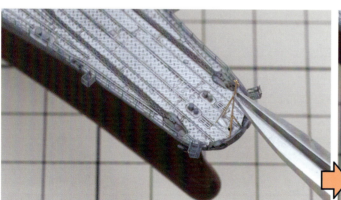
▲艦首／艦尾の旗竿をひっかけて壊しやすいので、なるべく最後のほうの工程で取り付けましょう。細くて小さいので、まず未塗装状態で接着します

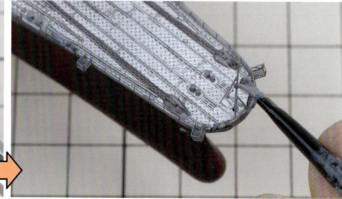
▲接着固定したら筆塗りで艦体色グレーを塗ります。旗竿のような細いパーツは筆ムラができてもわからないので、組んでから筆塗りするのがおすすめです

いったんできたと思ったところでよくみてチェックしよう

とてもこまかく形状が入り組んだパーツが多い1/700艦船模型、きちんと塗ったつもりでも塗料が回っていないところが結構あったりします。とくにエッチングパーツは金属地が出ていると目立ちますので、最終組み立ての段階でよく見て確認し、金属地が出ているところは筆塗りでリタッチしておきます。

▲エアブラシ塗装ではエッチングパーツの断面に塗料がのっていないことが結構あります。金属地が出ているところはリタッチしておきましょう

▲別に塗装しておいたスクリューを取り付けます。メタリック色は触ると汚れたり剥げたりしやすいので最後のほうに取り付けるようにしています

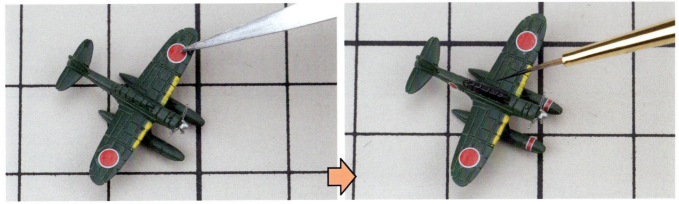

▲艦載機を仕上げていきます。上下面色、プロペラ色、翼前端の黄帯まではラッカー系塗料の基本塗装で塗り分け、その上にデカールを貼ります

▲デカールは軟化剤を使って密着するようにしておきます。コクピットのキャノピーはツヤありの黒を筆塗りで塗り分けました

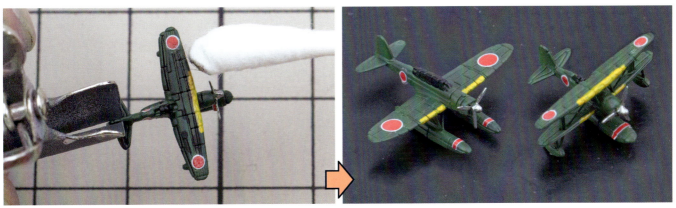

▲エナメル系塗料でスミ入れをして余分な塗料を拭き取ります。艦載機は小さいので汚く見えないようにスミ入れ色はきれいめに拭き取ります

▲零式水上偵察機と零式観測機ができました。エッチングパーツを使って指定どおりそのまま作っていますが、かなり精密な仕上がりです

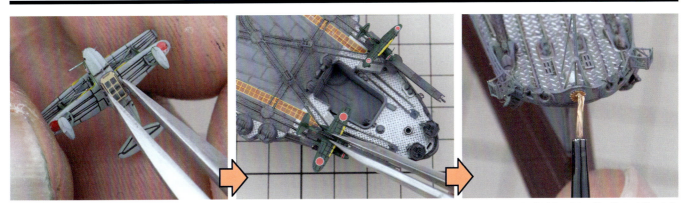

▲カタパルトに搭載するために、台のパーツを工作して艦載機下面に接着します。台のパーツは艦載機側に接着してから筆塗りで塗装しておきます

▲艦載機と台をカタパルトに取り付けます。取り付けに難しいところはありませんが、破損予防のためになるべく最後に取り付けるほうがよいでしょう

▲最後に艦首の御紋章を金色で塗り分け。最後にしないといけないということはとくにありませんが、工作終了の儀式として最後に行なっています

張り線工作をしないならこれで完成です！

◀そんなにこんなに大きなトラブルも発生せずこれでいったん完成です。このピットロードの大和は考証再現が優れているだけでなく、組みやすさへの配慮も非常に行き届いている印象です。かなりサクサクと楽しく工作を進めることができました。ここまでディテールアップしてこれだけ組みやすい1／700大和はこれまでなかったように思います。

張り線の追加

張り線を追加して さらに実艦に近づける

艦船模型に張り線を追加する場合は、いったん完成させてからの作業となります。張り線には黒染め金属製テグス「メタルリギング」を使うのがおすすめ。強度があって自然なタレも再現しやすいです。

▲使用するのはモデルカステンの金属製テグス、メタルリギング。各種太さがラインナップされていますが、今回は0.15号を使用。黒染め済みなので塗装不要です

▲接着は、エッチングパーツのときと同様に高粘度瞬間接着剤と低粘度流し込み用瞬間接着剤の2段階で行ないます。接着剤を出しておく台があると便利です

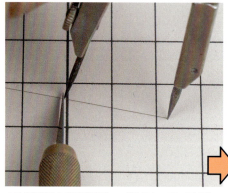
▲長さを測るときは両端がニードルになっているデバイダーがあると便利。パーツにあてて拡げておいてからそのまま線にあてれば同じ長さが測り取れます

▲線に高粘度瞬間接着剤を点付けし、所定の位置に持っていってくっつけます。まず上側から留めるようにするとぶら下がるのでその後の固定がしやすいです

▲高粘度瞬間接着剤の点付けで仮留めして位置が決まったら、低粘度流し込み用瞬間接着剤を接着棒で少量ずつ流し込んで補強するようにします

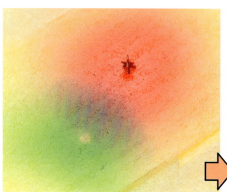
▲純正グレードアップパーツのエッチングパーツでは舵柄信号もパーツ化されています。張り線に取り付ける前に組み立てて塗装をしておきます

▲マスト横の張り線に舵柄信号のパーツを接着します。これはどちらに舵を切っているかを僚艦に示すためのもので、左舷側が赤、右舷側が緑になります

▲張り線も内側から外側へと張っていくようにするのがセオリーです。艦橋とマスト間の張り線をするためにデバイダーで長さを測ります

▲いきなり両側合わせるのは難しいので、まず艦橋側を接着してから軽く線を持ち上げるようにしてマスト側を固定するようにしました

▲ここも瞬間接着剤2段階で接着します。このあと縦方向の張り線もしますので、途中で外れてしまわないようにしっかりと固定しておくようにします

▲縦方向の張り線を追加していきます。ここはピッタリの長さにすると接着しにくいので、長めに切って上側にはみ出すようにしておきます

▲まず下側を接着しておくようにすれば、横向きの線に縦線を立てかけておけるようになるので位置決めがしやすくなります

▲接着したら上側にはみ出した余分なところをニッパーで切って揃えます。この長めで接着してから切る手順だと簡単に作業できてきれいに仕上がります

▲縦線が追加し終わりました。反対側も同様に作業します。T字形になっている張り線は、手順さえ間違わなければ意外と簡単に工作できます

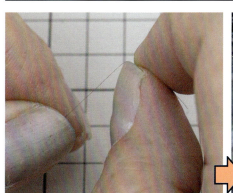
▲マストに軍艦旗を取り付けるための線を追加します。ここはたるんでいるようにしたいので、指でしごいて線が丸まるようにしておきます

▲マストパーツに合わせてみてたるみ具合がちょうどよければ接着します。合わない場合はさらに指でしごくか作り直すようにしましょう

▲マストに線を接着してから、旗と吹き流しを取り付けます。キット付属のものを使用しましたが、なびいて見えるように曲げておくと雰囲気がよいです

▲中央部の張り線ができたら艦首／艦尾への張り線を同様に工作していきます。副砲に張り線を取り付ける場合は副砲が回転しないように接着固定しておきます

▲張り線の碍子は瞬間接着剤で作ります。張り線をしてから、高粘度瞬間接着剤を接着棒で少量が表面張力で玉になるように盛っていきます

▲接着剤が固まったら筆塗りで白などを塗ります。実際の個数や場所はほとんどわからないので、模型としての雰囲気で数や場所を決めています

1945 最終時

専用純正アフターパーツ使用+張り線だけでここまで作り込める!

純正アフターパーツ組み込み

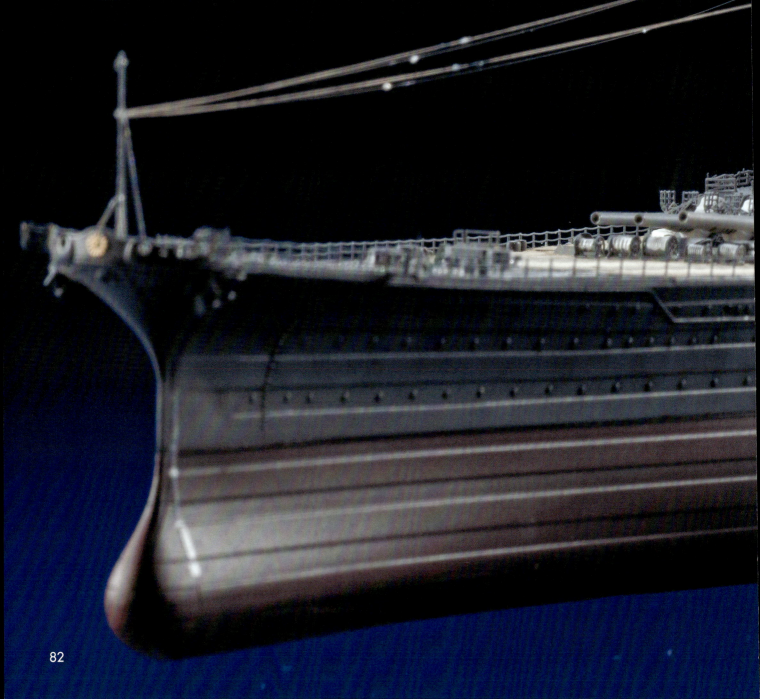

日本海軍 戦艦 大和 最終時
ピットロード 1/700
インジェクションプラスチックキット
発売中 税込6696円
製作・文／Takumi明春

大和 帝国海軍 1945 最終時

ピットロード1/700戦艦大和なら、無改造でここまで作れる!!

製作法解説に続いて、完成した大和の姿をお見せしよう。しつこいようだが本作例純正のグレードアップセットと張り線用のメタルリギングを使用したものそれ以外の改造工作はなし。市販のプラモデルと専用アフターパーツを指定のまま組み立てるだけでこのような高い再現度で精密艦溢れる大和の完成品を手にすることができるのだ。パーツを集めたり考証どおりの形状に改造するのに苦労したひと昔前の大和模型製作環境からしたら夢のような話だが、ピットロードの1/700大和がそんな夢を実現した。

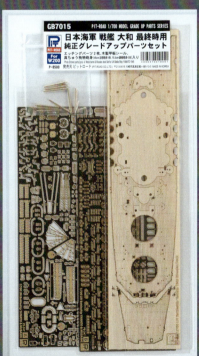

●ひと昔前なら考証の資料集めやアフターパーツ収集からはじまり、自らディテールアップ工作を積み重ねないとできなかった大和の細密再現が、キット＋純正グレードアップをそのまま組み立てるだけでここまでできるようになったのには隔世の感がある。前ページまでで紹介してきたとおり考証はばっちり。実際に完成させて目前に眺めると、これまでの大和模型とは解釈が異なるフォルムやディテールががよくわかるので、ぜひ実際に製作してみてほしい
●製作にはこのキット専用に設計された「日本海軍 戦艦 大和 最終時用 純正グレードアップパーツセット」を使用（詳しい内容はP40参照）し、モデルカステンのメタルリギングで張り線を追加。それ以外に形状を変えるような改造工作は行なっていない
●エッチングパーツや張り線を追加しないという場合も、グレードアップパーツを用意して木甲板シートを使用すれば甲板の塗り分けをしないで色分けすることができる

▶張り線に使用しているのは定番アフターパーツ、モデルカステンのメタルリギング。黒染めされた極細の金属線で、巻きグセを活かすことで塗装を不要で自然なたるみの張り線を再現でき、金属線なので強度も高い

●キットの塗装指示では艦首艦尾の露天甲板がメタルブラック＋シルバーになっている。これまでここは他の部分と同じ艦体色のグレーで塗るのが普通だったが、亜鉛メッキだったという資料表記があり、模型表現の可能性のひとつとしてこのような指定となった。作例では指定を活かした塗色としてみている
●最終時であることや模型としての見映えを考慮しつつ軽めにウェザリングを施した。大和は1/700でも大きめなので、汚く見えない程度にウェザリングをすると効果的だ。木甲板シートは貼るだけで簡単に色分けができ、素材で木甲板の質感を再現できる便利なパーツだが、そのままだとやや「生っぽい」印象でリアリティーに欠けて見えるきらいがある。そこで、木甲板シートにもエアブラシで軽くシャドーや汚しを入れるようにすると格段にスケールモデルとしての雰囲気をよく見せられる
●ここまで張り線を追加しなくてもいいという場合も、旭日旗取付箇所だけは線を追加して旗を掲揚すると見映えがする
●エッチングパーツをすべて使うのは難しそうという場合は、舷側手すり、艦橋の窓枠と電探、カタパルト、高角砲射界制限装置あたりの効果的な箇所だけを選んで使ってもよいだろう

大和 帝国海軍 1945 最終時

大和 帝国海軍 1945 最終時

帝国海軍 大和
1945 最終時

● 上部構造の圧倒的密度感と喫水線下の柔らかなラインの対比を楽しめるのはフルハルモデルならでは。後方低めから眺めると見えてくるそれまでの大和模型とは異なる複雑かつ美しい艦体の曲面は、フレーム構造や断面図の詳細な解析から生み出されたものだ。見る角度により表情を変える優美なライン、ぜひキット実物をその目で見てみてもらいたい

置き換えるか置き換えないか─
それはアナタ次第です!!

気になるディテールパーツ比較！ ファインモールド ナノ・ドレッドとキットパーツはどっちがいい!?

艦船模型ディテールアップの定番と言えば、ファインモールドの極細密プラ製パーツ、ナノ・ドレッド。もちろん大和に使える艤装パーツも多種ラインナップされているので、気になるモデラーのためにここでキットパーツと比べてみよう!!

置き換えには小加工が必要なパーツ

●ピットロードの1/700大和はフェアリーダーや水密扉も省略せずきちんと細密に再現しているので無理に使う必要はないが、更なる細密表現を目指すならナノ・ドレッドに置き換えるのも一手。使う際にはキットパーツのディテールを削り落とす必要があるのでちょっと上級者向けとなる。どこにどれが合うか正確な答えはないので自己責任で調べて使うべし

キットのパーツにはない弾薬箱

●手間とコストをかけずお手軽に完成品の密度を上げたいなら、配置するだけで手間いらずなこの弾薬箱パーツがオススメ。位置や数は不明なので機銃周りにそれらしく配置してみよう

リニューアルされてるって知ってたかな？

ナノ・ドレッドのパーツのなかにはリニューアルされているものがあるので要チェック。シリーズ第一作にして大人気パーツとなった25㎜機銃は、金型を作り直した際にディテールがさらにこまかく正確になっている。また、リニューアルではないが、12.7㎝高角砲は近年の研究の結果を反映して上部カバー付きが追加で発売。大和を作るならこちらを使おう

置き換えるだけで効果が大きそうな主要艤装パーツ

●ナノ・ドレッドのよいところは、基本的にパーツを置き換えるだけで難しい工作などは必要とせず、プラ製なのでキットパーツ同様に扱えるところだ

●大和最終時に使用する主要艤装だと、WA3 九六式25㎜三連装機銃シールドタイプ×3セット、WA15 九三式13㎜機銃セット×1、WA21 九六式25㎜単装機銃×1セット、WA25 九六式25㎜三連装機銃(防楯付)×2セット、WA31 八九式12.7㎝高角砲(上部カバー付)×2セット、WA4 大和型用探照灯セット×1セット、WA12 アンカー・菊花紋章セット×1セット、WA14 艦載電波兵器(レーダー)セット×1セットといったところ。以上の価格を合計すると税込の実勢価格で1万4000円くらいとなる。キットと純正グレードアップパーツ、それにナノドレッドを合わせると3万円コースだが、それを高いと捉えるか、これぞという戦艦大和の完成品を製作するための必要コストであれば妥当、いやむしろ安い？と捉えるか……それはアナタ次第です！

コレがキットストレート組み
もちろんかなり細密で
そのまま作ってもこのとおり
そこをあえて……

右がピットロード大和の
キット付属パーツで
左がナノ・ドレッド

肉眼ではほぼ判別できないレベルの
極小パーツ比較なのだ

AB 25mm機銃は、こうやって写真で思い切り拡大するとナノ・ドレッドのほうがこまかく再現されていることがわかるが、実際はともに3mmに満たないような大きさなので……判断はお任せしたい

C 12.5cm高角砲はともにカバー付きの状態をきちんと再現している。ナノ・ドレッドはサイドを分割することで再現度を上げているが、キットパーツはスライド金型で一体化し組みやすくしている。1/700の12.7cm高角砲パーツは大事そうだが、形状に関してはどちらか だけが正解とは言い難く、それぞれの解釈として成立しているので、実際ひとつ載せてみてバランスや好みで判断することをオススメする

D シールド付き25mm機銃はキットよりナノ・ドレッドが小振り。ディテールは甲乙つけがたい

E ナノ・ドレッドの探照灯はクリアーパーツで、マスキングして塗装するとレンズ面を再現できる。いっぽうのキットパーツではシャッターが再現されている。ここも好みで選ぶとよいだろう

F 二一号電探はナノ・ドレッドのほうが圧倒的に精密だが、キットは純正グレードアップを使用する前提でそこにエッチングパーツがあるので……

G 22号電探は、一見、ナノ・ドレッドが細密でキットパーツは間違い？　と思われるかもしれないが、キットパーツでは近年の考証に基づいて下側が長いタイプを再現しているのだ。ナノ・ドレッドの下側を切って キットパーツの長い部分を移植する、という合わせ技にしてみるのもよいかもしれない

HI シールド付機銃指揮装置はどちらもこまかく再現されているが形状の解釈が少々異なる

J 副錨はナノ・ドレッドに軍配……といっても、それは見た目のモールドの細密さだけに注目するならば。錨の大きさも意外とシルエットに影響を与える要素のひとつだが、どちらがより適したバランスであるかについてはなんとも言えないところがある

ファインモールド製ナノ・ドレッド大和型に使いたいパーツカタログ

プラスチック成型の限界に挑戦する極精密アフターパーツ1/700"ナノ・ドレッド"を大和に使ってみよう!!

ファインモールド製ナノ・ドレッドは1/700艦船模型の定番ディテールアップパーツで、プラスチック成型パーツの超精密なディテールが売り。ここでは大和型に使用できるパーツを選んでまとめて紹介していこう。置き換えるだけでディテールをさらに精密にすることができるぞ。

WA3

「日本海軍九六式25mm三連装機銃（大和・武蔵用シールドタイプ）」（税込1620円）。大和型特有のシールド付き25mm対空機銃のパーツ。大和竣工時搭載数11基ぶんのパーツがセットされていて、2種類のシールドと台座の組み合わせにより5種の形状を再現することができる

◀銃身部は別パーツで、銃身のディテールも非常にこまかく再現。スリット部分を銃身側に一体化してあるので組み立てやすい。写真は丸型だが角形もパーツ化されているので、考証に則して使い分けて配置することができる

●マリアナ、レイテ海戦時の大和の再現には2セット、同時期の武蔵は1セット、大和の最終時の再現には3セットが必要となる

WA4

「日本海軍大和・武蔵用探照灯セット」（税込1296円）。150cm探照灯8基、60cm探照灯8基、30cm旗甲板灯8基、九五式機銃射撃管制塔4基、2kw信号灯4基のセット。クリアー成型になっているので、透明部だけを塗り残すことでリアルな探照灯や射撃管制装置を再現することができる

60センチ信号探照灯 / 150センチ探照灯 / 2kw Daylight Signal Lantern / 九五式機銃射撃管制塔 25cm AA Gun Control Tower / 30センチ庫甲板灯 30cm Deck Lamp

本製品には1/700スケールの大和・武蔵いずれか1艦分の上記部品がセットされています。

●1セットで大和、武蔵1艦ぶんを置き換えられるよう4ランナーがセットされている。先にマスキングしてから艦体色グレーを塗りマスキングを剥がすことで透明部を再現できる

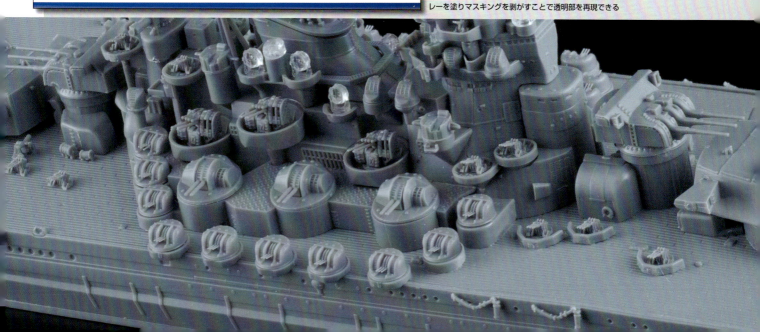

WA12

「日本海軍アンカー・菊花紋章セット」（税込1296円）。日本海軍のほぼ全ての艦艇に使用可能な、主錨を3サイズと、副錨2種、さらに戦艦、空母、巡洋艦用の艦首菊花紋章のセット。大和型では、立体感ある精密なモールドのいちばん大きいタイプの主錨と副錨のパーツが使用できる

No.WA12　Anchor & Chrysanthemum Crest Set

▶主錨／戦艦・空母用×4、巡洋艦用×4、駆逐艦、小艦艇用×8、副錨／戦艦・巡洋艦用×4、一部の巡洋艦・駆逐艦用×4、菊花紋章／戦艦・空母用×4、巡洋艦用×4がセットされている

WA31

「八九式12.7cm高角砲（上部カバー付）」（税込1404円）。日本海軍に搭載された12.7cm高角砲のうち、駐退器上部にカバーが設けられ、本体左側の照準鏡が収められた操作室のシャッター形状が異なるタイプ。上部カバーなしのタイプ（WA13）も販売されている

No.WA31　Type 89 12.7cm AA Gun with Cover

▶1基で5パーツに分割することで側面も含めて極めて細密にディテールを再現している。操作室のシャッター部は開口されていて、砲身は上下に角度を調整可能

▶近年はディテールがこまかい12.7cm砲のパーツも増えてきたが、ナノ・ドレッドのものは別格の再現度だ

WA14-1

「艦載電波兵器（レーダー）セット」（税込1296円）。太平洋戦争後期の帝国海軍艦艇のほとんどに装備されていた電探のパーツセットで、1セットに22号電探×8、13号電探×4、E27逆探×16（左右8個ずつ）が入っている。大和最終時では3種とも使用することができる

No.WA14　IJN Radar Antenna Set

▶13号電探はトラスの本数まで正確にモールド、E27逆探はわずか2mm程度の小ささのなかでメッシュ構造をモールドしている

ナノ・ドレッドのパーツは大和用1艦ぶんセット版も販売

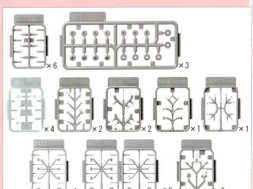

▲「戦艦大和（天一号作戦時）用セット」（税込8424円 限定生産）。最終時の大和のディテールアップに必要なパーツをまとめたセット。大和1艦だけを作る場合、個別に買い揃えるのと比べると9000円ほどお得になる。海底探査の成果を踏まえて、25mm連装機銃のパーツもセットされているので選んで搭載することができる

WA15

「九三式13mm機銃セット」(税込1296円)。大和では艦橋側面に連装が2基装備されている13mm機銃のパーツ。単装機銃8基、連装機銃8基、四連装機銃8基がセットされている。13mm機銃のディテールアップパーツは選択肢が少なく、大和型を作るならぜひ使っておきたいパーツのひとつ

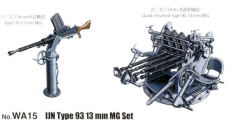

No.WA15 IJN Type 93 13 mm MG Set

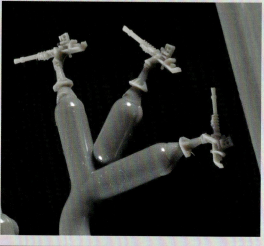

◀同シリーズの25mm機銃同様の非常に細密なモールドが施されている。一体成型なので難しい工作不要で置き換えることができる

WA21

「九六式25mm単装機銃」(税込1404円)。帝国海軍の多くの艦艇に搭載された25mm機銃のパーツで、単装機銃24基、単装機銃用防盾24枚がセットになっている。プラスチック成型パーツの限界に挑む1/700ナノ・ドレッドシリーズのスタート地点となった25mm機銃のリニューアル版

リニューアル 再設計/新金型 2013/11

No.WA21 Type 96 25 mm AA Gun (Single Mount)

◀肉眼では判別不能なほどの極小モールドで再現された25mm単装機銃。架台から座席まで一体成型のパーツなので細密でありながら扱いやすい

WA25

「九六式25mm三連装機銃」(税込1404円)。'13年に単装、連装とほぼ同時に新金型でリニューアルされモールドがより精密になったもの。三連装機銃は1箱24基のセットで、大和最終時として製作するのであればトータルで26基が必要となる(部分的に連装だった可能性もある)

リニューアル 再設計/新金型 2013/12

No.WA25 Type 96 25 mm AA Gun (Triple Mount) w/ Shield

◀わずか4mm足らずのパーツのなかにこれだけのモールド彫刻が施されていて、銃身のディテールから座席まで再現されている。切り出してキットパーツと置き換えるだけでファインスケールの超精密な機銃が再現可能

▶防盾のパーツも細密なモールドが彫刻されている。大和型に搭載されたものは防盾の有無は不明で、なかった可能性は高い。防盾なしだけを選択するならWA23を使おう。他の艦でも使いたいなら選択できるWA25がおすすめ

WA26

「フェアリーダーセット」(税込1404円)。ピットロードの1/700大和型各キットではフェアリーダーも考証に基づいた位置にきちんとモールドされているが、成型上の都合で中が抜けていないので、さらに精密に再現したいならこのパーツを使ってみるとよいだろう

No.WA26 Fairleader Set for IJN Ships

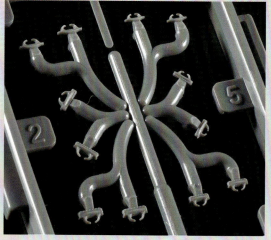

◀このフェアリーダーセットは汎用パーツで、ピットロードの大和型専用ではない。使用するには加工が必要なので中上級者向け

WA27

「水密扉セット」（税込1404円）。1/700では省略されることも多い水密扉。ピットロードの1/700大和型はできる限り水密扉を再現しているが、さらに精密にディテールアップしたいならこのパーツがおすすめ。プラスチック製なのでエッチングパーツと比べてきれいに接着しやすい

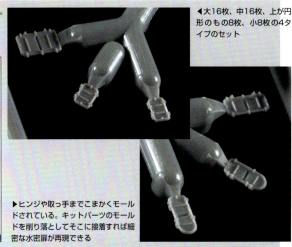

◀大16枚、中16枚、上が円形のもの8枚、小8枚の4タイプのセット

▶ヒンジや取っ手までこまかくモールドされている。キットパーツのモールドを削り落としてそこに接着すれば細密な水密扉が再現できる

WA30

「25mm・13mm機銃用 弾薬箱セット」（税込1404円）。大和最終時や武蔵レイテ沖海戦時などで甲板上の密度感を上げたいときは弾薬箱を機銃周辺などに配置してみてもよいだろう。どこにどのタイプがあったかは定かではないので、想像力を働かせて使ってみよう

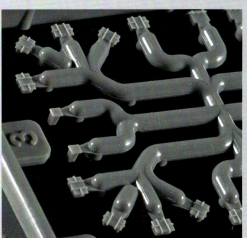

◀縦長と横長の25mm機銃弾薬包箱各40個と縦長の13mm弾薬包箱8個のセット。機銃1基に対し2〜4個の弾薬箱を置かれたようだ

部分的にエッチングパーツを使うなら……

コストを抑えてカタパルトや電探、艦尾周辺ディテールだけをエッチングパーツに置き換えたいなら、純正グレードアップパーツセットではなくファインモールドをAM-23、AM-26、AM-34あたりを選んで使うという手もある（各税込1404円）。AM-26の二一号電探セットはたくさん入っているので他艦とに使い回すこともできてお得だ

▶ポイントディテールアップとしてはマストもおすすめ。ピットロード1/700の大和は精密にできているが、プラスチック製なので限界もある。金属製アフターパーツに変えることで、さらにシャープに見せることができる。写真はINFINI Model（インフィニモデル）の「戦艦 大和 最終時用 真ちゅう製マストセット（PIT用）」（税込2160円）

さらに15.5cm副砲を置き換えるのなら定番はヤマシタホビー製パーツ！

大和型の15.5cm副砲は主砲に比べると目立たないようでいて、意外とシルエット、そして模型としての密度感に与える影響が大きく、大和型を作る際は隠れた定番ディテールアップポイントになっている。ピットロード1/700大和型のパーツもかなりよくできているが、ヤマシタホビーのパーツと置き換えるとさらに精密化できる。

●「大和型戦艦15.5cm副砲」ランナー3枚セット、税込972円。ヤマシタホビーは、艦船モデラー界では考証の確かさと再現度の高さに定評があるメーカー。同社の15.5cm副砲は大きさや形状に徹底的にこだわり、スライド金型で側面のリベットまで再現。測距儀は別パーツになっている

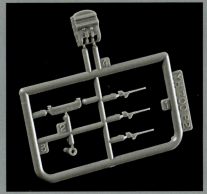

キットパーツ

ヤマシタホビー

キットストレート組み

Finemolds NanoDrea
1/700 for Batleship Y

ナノ・ドレッド組み込み

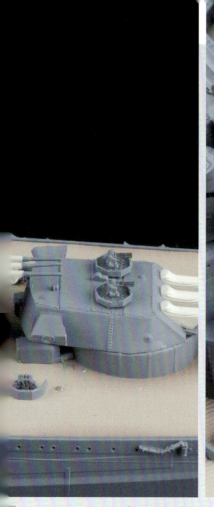

お手軽簡単にパーツを置き換えるだけ
ナノ・ドレッドをピットロード大和に使うとこうなる！

●ピットロード1/700大和最終時の艤装パーツをナノ・ドレッドに置き換えてみた参考例。部分的に組み立てが必要なパーツもあるが、ほとんどは切り出してキットパーツと交換して接着するだけでお手軽に使える。なお、モールドがわかりやすいよう無塗装にしている。置き換えの効果が大きいのは12.7cm高角砲、13mm／25mm機銃で、キットよりさらに細密化できる。そのほかで効果が大きいのは探照灯。透明部分を残して塗り分ければ、リアリティーが出るだけでなく模型的な質感のアクセントにもなる。大和型を作り込みたいならこれらのパーツもぜひ使ってみてほしい

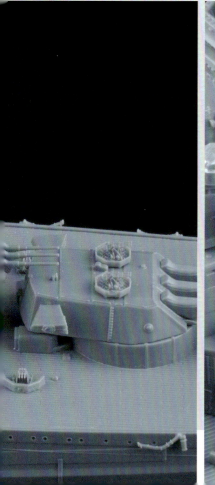
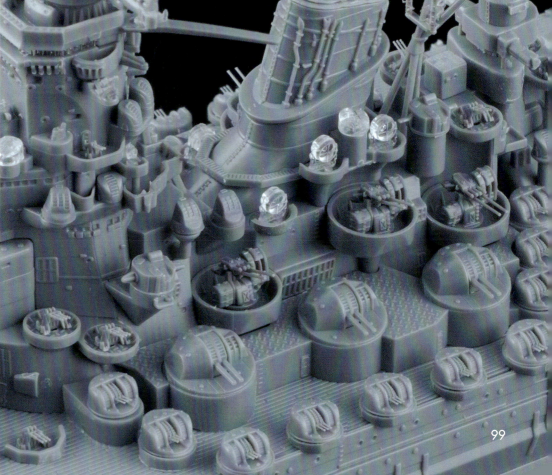

『ネイビーヤード』誌で活躍中
艦船模型の達人、大淵克氏

本作を製作した大淵克は姉妹誌である艦船模型雑誌『ネイビーヤード』で活躍中の達人艦船モデラー。氏の持ち味は、考証に基づいて細部をとことんディテールアップできてしまう工作力、工作箇所だけを悪目立ちさせないバランス感覚、そして1/700であることを感じさせない緻密な塗装と自然なスケール感を演出するウェザリングセンスにある。左写真は同氏製作のネイビーヤードVol.35に掲載した1/700ティルピッツだが、艤装がほぼスクラッチビルドにも関わらず恐るべき完成度となっている

●本作はピットロード1/700大和のテストショットを使用し、大淵氏が細部に手を入れて製作したもの。キットそのままでもかなり細密に再現されるが、1/700なりのところやプラモデルの都合でスケール感を損なっているところを徹底的に洗い出して手を入れている。大淵氏の一見控えめな作風のなかに隠れた圧倒的技術力とセンスはこの大和でもよく現れており、こうやって写真で見るとにわかに1/700とは信じられないような解像度、精密感、スケール感である

日本海軍 戦艦 大和 最終時
ピットロード　1/700
インジェクションプラスチックキット
発売中　税込6200円
製作・文／**大渕克**

改造作り込み

ピットロード1/700
戦艦大和はここまでいける

大和

1/700艦船模型の達人が、そんなピットロードの大和を作り込むと、こうなった!

本書を通じて紹介してきたように、このピットロードの1/700大和の考証再現度は非常に高い
しかしそこは1/700のプラモデル。パーツ分割や成型の限界もある
そこで、そういったプラモデル製品としての制約を達人モデラーの技術力で取り払ってしまったのが本作
達人だからこそできる作り込みにより、キットの持つ素材としての良さ=考証に基づいた要素は
最大限活かしつつ、縮尺模型としての精度をいけるところまで引き上げてみた
ピットロード1/700大和のポテンシャルの高さがあってこその超絶作り込みをじっくりご覧いただこう

●繰り返すが、本作は1/700である。1/350もよよもやというスケール感とその説得力は、もちろんピットロードの1/700大和が持つ考証／ディテール再現のポテンシャルに寄るところが大きいが、さらに、「薄いところは薄く」、「接着などの工作で粗を見せない」、「旗やリール布カバーの質感表現」、「遠近感を意識しトーンを絶妙に整えた塗色選択とウェザリング」といった模型技術の総合力によって生み出されている

1/700全長37cmの小さなプラモデルで巨大戦艦を表現する、ディテールと塗装の技

細部をつきつめることで生まれるスケール感と説得力

闇雲に細部の作り込みを誇るのではなく、「大和として考証に正確であること」「1/700としてのスケール感と説得力」に重きを置いて、細部に徹底的に手が入れられた本作。キットを見ると「もうコレで充分なのでは」と思わせるピットロードの1/700大和だが、本作をご覧いただければ、キットが秘めたポテンシャルがさらに奥深いことがおわかりいただけるはずだ。アフターパーツを適度に取捨選択し、必要なところはプラ板工作も辞さず、そして工作箇所をキットパーツになじませることができる確かな工作力……大渕氏の総合力によってもたらされた本作のスケール感、そして「これぞ大和！」とヒザを打たせる説得力は、見る者を魅入らせる力を持っている。

大和

●達人のテクニックにより細部ディテールをつきつめていくことで、大和の複雑でありながら端正なフォルムが引き立つ本作。細部作り込みだけが主張せず、全体のバランス感のなかで見事にスケールに落とし込まれているのは大渕氏の技術と作風の成せる技。追加工作を施しながら、構造を考証に基づいて突き詰めた本キットの魅力をいっさい損なわないどころか、その魅力をむしろ増して見せているところがすごい。「これぞ戦艦大和」と思わせる説得力、存在感には圧倒されるものがある

● 作例の製作にあたって使用したファインモールド ナノ・ドレッドのパーツは、WA3 九六式25㎜三連装機銃（大和・武蔵用シールドタイプ）×3セット、WA4 大和・武蔵用探照灯セット×1セット、WA15 九三式13㎜機銃セット×1セット、WA21 九六式25㎜単装機銃（リニューアル版）×1セット、WA25 九六式25㎜三連装機銃（防盾付）（リニューアル版）×2セット

● 通行帯はデカールでの表現となっているためパーツにはモールドがない。作例では該当箇所のモールドを削り落としてからリノリウム押さえを伸ばしランナーで再現し、運搬軌条はプラ板で製作。リセス前方にある射撃装置の側方の平坦な爆風よけシールドを再現したのはこのキットがおそらく初ではないだろ

うか。射撃装置はナノ・ドレッドのパーツに置き換え、シールドはプラ板で作成している

● 艦橋パーツは前後分割になっているため、側面に合わせ目ができる。合わせ目が見えてしまわないよう細心の注意を払って整形している。特徴的な大型の遮風装置は、上部は彫り込んでからスリットをプラ板で再現し、下部は三角プレートをプラ板で作成。キットで省略されている見張り所などの双眼鏡はGENUINE MODELのレジンパーツを使用した

● 艦首甲板の亜鉛メッキは、表面の酸化と水垢の付着により白んできて凸部に金属光沢がわずかに表れている状態をイメージしてカラーリングした。木甲板はアイズプロジェクトの0.4㎜幅マスキングテープで塗り分け。彩度を抑えた色で塗装し使用感を出している

圧倒的密度感の艦橋周辺構造物を市販パーツを織り交ぜ破綻なく細密化する

ピットロード1/700 戦艦大和 最終時

艦橋は戦艦の"顔"
大和の艦橋は本当に奥が深い。

ピットロード1/700
戦艦大和 最終時

●遮風装置の側面を丸彫刻刀彫り込んで湾曲しているようすを再現している。下に並ぶ三角ブレートはエバーグリーンの0.13㎜厚プラ板で置き換え。丸窓の庇は伸ばしランナーで作っている。防空指揮所前方の遮風装置はタガネとカッターで彫り込み、エバーグリーンの0.13㎜プラ板を接着してスリットを再現した。22号電探はナノ・ドレッドパーツを使用し、下側のコーンをプラ棒で大きく作り換えている

●アンカーチェーンは伸ばしランナーで作成。ホースパイプを開口し、シャンク、アンカーへと繋がっている様子を再現した。
●副砲は側面のヒケを修正。ジャッキステーはゲートを長めに残してドリルで開けた穴に差し込むように接着している。天蓋に並ぶ足をかけるためのプレートはプラ板に置き換え
●マストはインフィニティモデルのフジミ艦NEXT用金属挽き物パーツを使用。探照灯が載るフラット部分が狭かったので、純正エッチングパーツに置き換えている
●アンカーはナノ・ドレッド、シャンクはエバーグリーンの0.4×0.5㎜角棒で作成した
●砲塔上部機銃座のエッチングパーツは、裏側にプラ板とプラ棒を取り付けて、水平に設置できるように加工している
●副錨もナノ・ドレッドに置き換えている。モンキーラッタルはライオンロアのエッチングパーツを使用。舷外電路はプラ板で作成
●空中線は呉市海事歴史科学館（大和ミュージアム）にある1/10スケール模型を参考にしてモデルカステンのメタルリギングを使用して追加。特徴的な赤褐色の碍子には、ターナーのアクリルガッシュを使用（パーマネントレッド・ホワイト・ジェットブラックの三色混合）。ごく少量の水を加え3、4回に分けて球状になるように盛り付けた
●零式三座水偵は好評だった報国丸のパーツと同様の設計。メリハリのきいたスジ彫りモールドが施され、翼が薄く成型された良質なもの。風防は瞬間接着剤を自作の型に流し込んで作成し、フレームはマスキング塗装で仕上げている。硬化スプレーを吹き付けたティッシュペーパーの上に瞬間接着剤を置くことにより、透明度を保ったまま硬化させることができる

シルエットとディテールの両立
ピットロード1/700大和
ならではの見映えを堪能する

ピットロード1/700
戦艦大和 最終時

ピットロード 1/700 戦艦 大和&武蔵 完全製作ガイドブック

モデルグラフィックス／ネイビーヤード編集部編

■スタッフ STAFF

編集 Editor
モデルグラフィックス／ネイビーヤード編集部
Modelgraphix/Navy yard

撮影 Photographer
株式会社インタニヤ ENTANIA

レイアウト Design
横川隆（九六式艦上デザイン）Takashi YOKOKAWA
丹羽和夫（九六式艦上デザイン）Kazuo NIWA

模型製作 Modeling
中村勝弘 Katsuhiro NAKAMURA
Takumi 明春 Akiharu TAKUMI
大渕克 Masaru OHBUCHII

協力 Special Thanks to
ピットロード　PIT-ROAD
大和ミュージアム　Yamato Museum
ファインモールド　Finemolds

ピットロード 1/700 戦艦大和＆武蔵
完全製作ガイドブック

モデルグラフィックス／ネイビーヤード編集部編

発行日　2019年4月27日　初版第1刷

発行人　小川光二
発行所　株式会社 大日本絵画
〒101-0054　東京都千代田区神田錦町1丁目7番地
Tel 03-3294-7861（代表）
URL; http://www.kaiga.co.jp

編集人　市村弘
企画／編集　株式会社 アートボックス
〒101-0054　東京都千代田区神田錦町1丁目7番地
錦町一丁目ビル4階
Tel 03-6820-7000（代表）
URL; http://www.modelkasten.com/

印刷・製本
大日本印刷株式会社

内容に関するお問い合わせ先：03（6820）7000　（株）アートボックス
販売に関するお問い合わせ先：03（3294）7861　（株）大日本絵画

Publisher/Dainippon Kaiga Co., Ltd.
Kanda Nishiki-cho 1-7, Chiyoda-ku, Tokyo 101-0054 Japan
Phone 03-3294-7861
Dainippon Kaiga URL: http://www.kaiga.co.jp
Editor/Artbox Co., Ltd.
Nishiki-cho 1-chome bldg., 4th Floor, Kanda
Nishiki-cho 1-7, Chiyoda-ku, Tokyo 101-0054 Japan
Phone 03-6820-7000
Artbox URL: http://www.modelkasten.com/

© 株式会社大日本絵画　本誌掲載の写真、図版、イラストレーション
および記事等の無断転載を禁じます。
定価はカバーに表示してあります。
ISBN978-4-499-23261-6